U0056196

SDGs
超入門

60分鐘讀懂聯合國
永續發展目標帶來的新商機

Bound／著　功能聰子、佐藤寬／監修
陳識中／譯

SDGs × 價值流程圖

| 企劃、設計 | 採購 | 生產、製造 |

企劃、設計

《包裝》

- 減少包裝材的重量和體積

12.5

- 最大化可回收比例和「循環性」

12.5

《設計》

- 環境友善的產品生命週期設計
無對應項目

- 對消費者健康友善的設計

3.8、3.9

- 減少產品的重量或體積
無對應項目

- 最大化可回收比例和「循環性」的設計

6.4、12.5

採購

《原料和零件》

- 準備更具永續性的替代方案

12.2

- 開發過程的No Net Loss或Net Gain

7b、9a、14.2、14.5、15.1、15.2

《與供應商的關係》

- 供應商管理體制的建立、支援與培育

2a、8.3、12a、16.5、17.3、17.7

- 選擇當地（小型）的供應商

2.3、9.2、9.3、11.a

- 選擇具永續性的供應商

2.4、9.2、9.4、11.a、12.7

生產、製造

《生產據點》

- 在選擇地點時考慮永續性

9.1、9.2、9.4、11.c

《生產過程》

- 減少能源和水的用量和排放

6.4、7.3、9.4、11.6

- 廢棄物管理的一元化和最佳化

9.4、11.6、12.5

跨流程措施

《技術》

- 價值鏈的可視化和改善（資料的有效性與分析）

6.4、7.3、9.4、12.7

- 應用產品可追蹤性的相關科技

9.4

《勞動環境》

- 給予公正的薪酬和勞工權益

1.4、2.3、8.5、8.7、8.8、10.1、10.2、10.3、16.6

業務流程和目標&細項目標的關係一目了然！

| 運送（出貨物流） | 販賣（流通） | 消費、使用、報廢 |

《革新的流通管道》

- 群眾物流

9.4

- 發展、支援並培育更接近消費者的小型商家

9.2

《處理》

- 提供環境友善的產品報廢協助

11.6

《車輛的最佳化》

- 革新的車輛技術

3.6、9.4

- 使用替代燃料

7.2、12.2

《物質流的循環》

- 資源回收

9.4、11.6、12.5

- 資源再利用

6.4、9.4、11.6、12.5

《物流網和倉庫》

- 檢討分散式的流通網路

9.4

- 智慧和環保的建築物配置

9.4

- 共享設備和運輸網路

9.4

※各目標圖示下的數字和字母代表「細項目標（target）」。詳情請參照附錄（P.149）。

《運輸計畫和實行》

- 運輸計畫的最佳化（高效利用車輛或減少行駛距離等）

9.4

- 使用更具永續性的運輸型態（複合運輸等）

9.4

- 縮短價值鏈（在採購方面亦同）

9.2

跨流程措施

- 提高環境、健康、職安的標準

8.8

《投資融資》

- 責任投資、環境評級融資、自然資本價值評估

1a、2a、7a、8.10、13a、15a、15b

出處：根據日本環境省「使所有企業實現永續發展──永續發展目標（SDGs）應用指引──資料篇」製作

Contents

● SDGs × 價值流程圖 2

Part 1 全球各國共同努力的17項目標
為何SDGs正受到關注？ 9

001 什麼是SDGs（永續發展目標）？ 10

002 跟目標一同設下的169個「細項目標」是什麼？ 12

003 究竟什麼是「永續發展」？ 14

004 什麼是SDGs的前身MDGs（千禧年發展目標）？ 16

005 SDGs和MDGs有何不同？ 18

006 為什麼我們必須投入SDGs？ 20

007 想像SDGs沒有實現的世界 22

008 SDGs的目的是同時解決各種不同問題 24

009 從5個「P」來思考，就能輕鬆理解SDGs 26

010 提示「環境保護」重要性的SDGs婚禮蛋糕模型 28

011 全球整體的SDGs實踐進度 30

012 認識世界各國的SDGs達成狀況 32

013 認識SDGs達成度排名「全球第15」的日本達成狀況 34

014 任何人都能為SDGs的實現出一分力 36

Column SDGs先進國家丹麥的「Hygge」哲學是什麼？ 38

Part 2 投入有好處，不投入有風險！
企業應該投入SDGs的理由 39

015 人民對企業的要求會隨社會變化而改變 40

016 「SDGs」跟「CSR」、「CSV」究竟有何不同？ 42

017 SDGs每年可產生12兆美元的經濟效益 ⋯⋯⋯⋯⋯⋯ 44

018 60個因SDGs而存在商機的領域 ⋯⋯⋯⋯⋯⋯ 46

019 不只大企業！中小企業更該投入SDGs的理由 ⋯⋯⋯⋯⋯⋯ 48

020 企業應用SDGs的4個好處 ⋯⋯⋯⋯⋯⋯ 50

021 日本企業相比歐洲企業，對「商機」的敏感度低 ⋯⋯⋯⋯⋯⋯ 52

022 從現在做得到的事、感覺做得到的事開始實踐SDGs ⋯⋯⋯⋯⋯⋯ 54

023 向消費者和投資人傳達投入SDGs的重要性 ⋯⋯⋯⋯⋯⋯ 56

024 不說謊，誠實地投入SDGs很重要 ⋯⋯⋯⋯⋯⋯ 58

025 就算沒有罰則，企業也應投入SDGs的理由 ⋯⋯⋯⋯⋯⋯ 60

Column SDGs先進國家瑞典的「高環保意識」 ⋯⋯⋯⋯⋯⋯ 62

Part 3 多間企業攜手合作，可以做到一家公司做不到的事！

從「供應鏈」看見該做的事

⋯⋯⋯⋯⋯⋯ 63

026 利益至上主義正讓地球步入危機 ⋯⋯⋯⋯⋯⋯ 64

027 改變人們對企業供應鏈認知的事故 ⋯⋯⋯⋯⋯⋯ 66

028 「倫理消費」意識的高漲是世界潮流 ⋯⋯⋯⋯⋯⋯ 68

029 倫理消費市場的落後國「日本」的現狀 ⋯⋯⋯⋯⋯⋯ 70

030 什麼是「供應鏈」和「價值鏈」？ ⋯⋯⋯⋯⋯⋯ 72

031 供應鏈潛藏著各式各樣的問題 ⋯⋯⋯⋯⋯⋯ 74

032 永續性供應鏈的建構與「風險管理」密不可分 ⋯⋯⋯⋯⋯⋯ 76

033 與供應鏈相關的永續性採購行動 ⋯⋯⋯⋯⋯⋯ 78

034 從供應鏈中淘汰消極因應SDGs的供應商 ⋯⋯⋯⋯⋯⋯ 80

035 從價值流程圖認識自家公司的強項 ⋯⋯⋯⋯⋯⋯ 82

036 光靠單一企業無法對SDGs造成巨大影響 ⋯⋯⋯⋯⋯⋯ 84

037 如何與跨領域的夥伴合作？ ⋯⋯⋯⋯⋯⋯ 86

Column 丹麥的環保示範小鎮「UN17 Village」 ⋯⋯⋯⋯⋯⋯ 88

Part

4

正確運用金錢，引導世界變得更好！

**掌握SDGs實現關鍵的
ESG投資是什麼？** ⋯⋯⋯⋯⋯⋯⋯⋯ 89

038 理解責任投資原則（PRI）⋯⋯⋯⋯⋯⋯⋯⋯⋯⋯ 90
039 正受全球投資人關注的「ESG投資」是什麼？⋯⋯⋯ 92
040 ESG投資和SRI（社會責任投資）的差異 ⋯⋯⋯⋯ 94
041 全球投資餘額超過30兆美元！極速成長的ESG投資現況 ⋯ 96
042 全球最大的年金基金GPIF也開始投資ESG ⋯⋯⋯⋯ 98
043 ESG投資的7種投資方法 ⋯⋯⋯⋯⋯⋯⋯⋯⋯⋯ 100
044 認識ESG投資的案例① 第一生命保險的例子 ⋯⋯⋯ 102
045 認識ESG投資的案例② ARUN的例子 ⋯⋯⋯⋯⋯ 104
046 ESG投資的成長為許多領域帶來正向循環 ⋯⋯⋯⋯ 106
Column 法國引進的「國際連帶稅」是什麼？⋯⋯⋯⋯⋯ 108

Part

5

將SDGs妥善融入經營策略的方法論

**企業該如何
連接經營和SDGs？** ⋯⋯⋯⋯⋯⋯⋯ 109

047 SDGs的「回溯分析」思維 ⋯⋯⋯⋯⋯⋯⋯⋯⋯⋯ 110
048 不要用「由內而外」而要用「由外而內」的方式思考 ⋯⋯⋯ 112
049 整合SDGs和企業經營策略的「SDG Compass」⋯⋯ 114
050 日本企業的SDG Compass進度如何？⋯⋯⋯⋯⋯⋯ 116
051 SDG Compass的【第一步】理解SDGs ⋯⋯⋯⋯⋯ 118
052 SDG Compass的【第二步】決定優先課題 ⋯⋯⋯⋯ 120
053 SDG Compass的【第三步】設定目標 ⋯⋯⋯⋯⋯⋯ 122

054 SDG Compass的【第四步】整合至企業經營 ⋯⋯⋯⋯⋯⋯⋯⋯ 124

055 SDG Compass的【第五步】報告和溝通 ⋯⋯⋯⋯⋯⋯⋯⋯ 126

056 領導階層的積極參與是促進創新的關鍵 ⋯⋯⋯⋯⋯⋯⋯ 128

Column 用迦納可可豆製造的巧克力和「童工問題」⋯⋯⋯⋯⋯ 130

Part

6

看見自家公司該如何投入SDGs！

效仿成功兼顧獲利和SDGs的企業是如何實踐的 ⋯⋯⋯⋯ 131

057 案例① 日本食品生態中心／建構循環型社會的機制 ⋯⋯⋯⋯⋯⋯⋯ 132

058 案例② UCC上島珈琲 × JICA／兼顧森林保護和增加當地居民的收入 · 134

059 案例③ 會寶產業／提高知名度對人事雇用的好處 ⋯⋯⋯⋯⋯⋯ 136

060 案例④ 大川印刷／用SDGs提高員工士氣 ⋯⋯⋯⋯⋯⋯⋯⋯ 138

061 案例⑤ 滋賀銀行／藉融資幫助地方創生和環境保護 ⋯⋯⋯⋯ 140

062 案例⑥ IKEUCHI ORGANIC／用SDGs提高商品的附加價值 ⋯⋯ 142

063 案例⑦ 虎屋本舖×地方／同時實現盈利和地方活化 ⋯⋯⋯⋯ 144

064 案例⑧ 永旺集團／用採購行動規範強化供應鏈 ⋯⋯⋯⋯⋯⋯ 146

Column 前泰國國王提倡的「知足經濟」⋯⋯⋯⋯⋯⋯⋯⋯⋯ 148

● 附錄　SDGs的17個目標／細項目標與課題、目標必須達成的原因 ⋯⋯⋯⋯ 149

● 索引 ⋯⋯⋯⋯⋯⋯⋯⋯⋯⋯⋯⋯⋯⋯⋯⋯⋯⋯⋯⋯⋯ 158

Part

1

全球各國共同努力的
17項目標

為何SDGs
正受到
關注？

什麼是SDGs（永續發展目標）？

● SDGs是全球各國共同努力的目標

所謂**SDGs**，是「Sustainable Development Goals（永續發展目標）」的簡稱，是2015年9月於紐約聯合國總部舉行的永續發展高峰會上通過，**193個成員國要在2016到2030年間致力達成的國際目標。**

環顧全球，人類正面對貧窮、氣候變遷、人種和性別的歧視等各種問題和挑戰。為了解決上述幾項全球規模的問題，在「**不拋下任何人**」的共同理念下，聯合國在SDGs設下了**17大目標**，以及指導各國達成這17項目標的169項細項目標（更具體的目標，P.12）。

例如目標①「消除貧窮」的細項目標之一是「消除每日生活費不到1.25美元的極度貧窮」，同時還有「在2030年前，將各國定義之貧窮狀態的各年齡層男性、女性、兒童人數減半」。

要達成目標①，不是只看目標①本身就好。因為SDGs的17項目標是相互關聯的。若能看到不同目標間的關聯性，就會知道目標①跟目標④「優質教育」和目標⑧「優質工作與經濟成長」息息相關。

地球上沒有任何一個人跟這「17項目標」無關。假如大家都不把這些問題當成「自己的事」來思考，並實際採取行動，地球上的各種問題、挑戰將會變得愈來愈嚴重。所以說，SDGs乃是為了創造更美好的未來，全人類共同的17個目標。

● 全世界齊心協力共同努力的17項目標

【目標1】
消除貧窮

【目標2】
終止飢餓

【目標3】
良好健康與福祉

【目標4】
優質教育

【目標5】
性別平等

【目標6】
潔淨飲水與衛生設施

【目標7】
可負擔的乾淨能源

【目標8】
優質工作與經濟成長

【目標9】
工業、創新與基礎建設

【目標10】
減少不平等

【目標11】
永續鄉鎮

【目標12】
負責的生產與消費

【目標13】
氣候行動

【目標14】
海洋生態

【目標15】
陸域生態

【目標16】
和平、正義與健全制度

【目標17】
永續發展夥伴關係

出處：聯合國資訊中心（UNIC）

跟目標一同設下的169個
「細項目標」是什麼？

● 有助達成17項目標的具體目標

SDGs訂定了17項目標，而每項目標下面，還有更具體的「細項目標」。

細項目標的用意是提供「更具體的未來想像」。**SDGs中設定了169個細項目標**（詳見P.149的「附錄」）。例如目標①的細項目標有「1.1、1.2……」、「1.a、1.b……」，目標②的細項目標則有「2.1、2.2……」、「2.a、2.b……」，分為完全以數字編號的，和用數字加英文字母編號兩種。

完全用數字編號的是「與目標內容有關的細項目標」，提示該目標下更具體的目標。譬如細項目標「1.1」是「消除每日生活費不到1.25美元的極度貧窮」，但在日本，每日生活費低於1.25美元的人非常稀少。而「1.2」的目標是使貧窮狀態的人數減半，在日本討論貧窮問題時，經常用到「相對貧窮（全戶收入低於該國等值可支配收入中位數之一半的狀態）」的概念。換言之，日本人不能因為「日本不存在每日生活費低於1.25美元的人」就覺得日本沒有貧窮問題，應該從相對貧窮的概念來思考貧窮並採取行動。如前文所示，各國必須依照自己的國情來詮釋細項目標。

另一方面，**以英文字母編號的細項目標則是用來提示「實踐目標的方法」。**

只要實際看看各目標的細項目標，自然就會明白該目標究竟想實現什麼了。

● 各目標設定的細項目標（以目標①為例）

消除各地
一切形式的貧窮

與目標內容有關的細項目標

1.1
在2030年之前消除每日生活費不到1.25美元的極度貧窮。

1.2
在2030年之前使處於貧窮狀態的人口數減半。

1.3
在2030年之前使貧窮和弱勢族群得到充分的安全保障。

1.4
在2030年之前確保所有人在取得金融服務和經濟資源上享有平等的權利。

1.5
在2030年之前減輕貧窮和弱勢族群面對經濟、社會、環境災難時的脆弱性。

實施細項目標的方法

1.a
確保各個地方的資源能夠大幅動員，為開發中國家提供妥善且可預測的方法。

1.b
在國家、區域及國際層面，建立照顧貧窮階級和不同性別的政策架構，以支援消除貧窮的投資。

總結
☐ 只有數字的細項目標是具體目標。
☐ 包含字母的細項目標是實踐方法。

究竟什麼是「永續發展」？

● 欲實現永續發展必須平衡3大要素

SDGs被翻譯為「永續發展目標」，而要搞懂SDGs，就必須先搞懂「永續發展」的意思。

聯合國將「永續發展」定義為「**既能滿足我們現今的需求，又不損害子孫後代，能滿足他們需求的發展模式**」。換言之，就是在發展時，除了現在的人們之外，也顧及後代子孫的福祉。

要實現「永續發展」，必須調和下面3大要素。

①**經濟發展**……透過經濟活動創造財富和價值。

②**社會包容**……重視每個人的人權，包括社會上的弱勢者。

③**環境保護**……保護人類賴以生存的環境。

「社會包容」聽起來可能有點難懂，但可以理解為「在不排擠兒童、身心障礙者、老年人、難民及移民等弱勢族群的前提下，讓所有人都能參與社會運作，建立每個人都能發揮潛能的環境」。

一直以來，人類只顧追求經濟發展，而犧牲了環境和人權。但如果我們繼續破壞環境，地球將會變得不適合人類生存。而繼續無視貧窮問題，也會讓貧富差距更加巨大，阻礙經濟的永續成長。

所謂的「永續發展」**並不是「經濟發展」、「社會包容」、「環境保護」這3種價值的互相交換，而是去思考「如何兼顧這3種價值」。**

● SDGs追求的是下列3大要素的平衡

環境保護
Environmental
Protection

保護人類
賴以生存的環境。

社會包容
Social Inclusion

重視每個人的人權，
包括社會上的弱勢者。

永續發展
Sustainable
Development

經濟發展
Economic Development

透過經濟活動
創造財富和價值。

● SDGs追求的「5個主要原則」

普遍性	在國內實施和國際合作兩方面都要不落人後。
包容性	以尊重人權和實現性別平等為目標，不丟下任何一個人，包含弱勢族群。
參與性	重視所有權益人（stakeholder）和當事人參與決策，用全體參與的形式實施。
整合性	在經濟、社會、環境3個領域具有整合性的問題解決視野。
透明性與責任說明	定期評價、公布推動進度。

出處：日本永續發展目標（SDGs）推進本部「永續發展目標（SDGs）實施指針」

總結	□ 欲實現永續發展必須兼顧「經濟發展」、 「社會包容」、「環境保護」的平衡。

什麼是SDGs的前身
MDGs（千禧年發展目標）？

● SDGs是從MDGs發展而來的

SDGs的前身，是2000年9月於紐約舉行的聯合國千禧年高峰會上通過的**MDGs（Millennium Development Goals：千禧年發展目標）**。

作為21世紀國際社會的目標，聯合國的193個成員國和23個國際組織共同承諾的**MDGs，以2015年為期限，建立了8個目標和21個細項目標**。

在MDGs訂下之後，世界各國的人們都為達成該目標而努力。結果讓全球接受小學教育的兒童人數達到史上最高，過去與男童相比極低的女童就學率也提升到與男童相仿。此外，幼童的死亡率也大幅下降，更多的人得到了乾淨的飲用水，取得了明顯的成果。

譬如目標①「消除極度貧窮和飢餓」設定了「在2015年使一天生活費不滿1美元的人口比例減半」這一細項目標。後來這項目標在2010年就提前達成。

其他的目標也都取得了一定成果，但撒哈拉以南非洲（撒哈拉沙漠以南的非洲地區）的目標達成進度卻遠遠落後其他地方。像是目標④「降低兒童死亡率」中，「在1990年至2015年間，使5歲以下幼童的死亡率降至3分之1」的目標最終沒有達成。

而MDGs中那些沒能實現的目標，就由SDGs繼承。

● MDGs的8個目標

目標 ❶ 消除極度貧窮和飢餓

主要目標 在1990年至2015年間，使一天生活費不到1美元的人口比例減半。

目標 ❷ 達成初等教育完全普及

主要目標 在2015年以前，使所有孩童、不分男女，都能得到完整的初等教育。

目標 ❸ 促進性別平等和提升女性地位

主要目標 使初等和中等教育盡可能在2005以前、所有層級的教育在2015年以前消除男女不平等。

目標 ❹ 降低兒童死亡率

主要目標 在1990年至2015年間，使5歲以下孩童的死亡率降至3分之1。

目標 ❺ 改善孕婦的健康

主要目標 在1990年至2015年間，使孕婦的死亡率降低4分之3。

目標 ❻ 防止愛滋病、瘧疾，以及其他傳染病擴散

主要目標 在2015以前阻止愛滋病的擴散，之後再減少愛滋病人數。

目標 ❼ 確保環境的永續性

主要目標 使永續發展原則納入各國的政策和方案，扭轉環境資源的流失。

目標 ❽ 建立全球合作關係，促進發展

主要目標 進一步發展開放的、遵循規則的、可預測的、非歧視性的貿易和金融體制。

總結
- ☐ MDGs設定了8項目標和21個細項目標。
- ☐ MDGs雖有一定成效，但仍未完全達成。

SDGs和MDGs有何不同？

● MDGs主要是針對開發中國家的目標

　　MDGs的8項目標全都是針對開發中國家設定的。而且也有人批評這些目標大多是在先進國家的主導下決定，並未反映開發中國家的意見。

　　在反省了MDGs的問題後，SDGs納入了MDGs沒有成功達成的目標，並新加入了氣候變遷、雇用和勞動型態、都市型態、社會落差、和平、創新等新的項目，再次改良升級。除此之外，**SDGs除了開發中國家之外，也納入了先進國家，以地球上所有國家為對象，約束各國在追求經濟成長的同時也要重視地球環境、保護人權，並將目標從8項增加到17項，涵蓋的範圍更加全面。**

　　另外，由於MDGs的目標比較針對開發中國家，所以政策上多以政府開發援助（ODA）為中心，並未吸引民間企業的關注和參與。

　　相對地，SDGs則納入了勞動型態和技術創新等更廣泛的目標，所以除了世界各國的政府外，還需要公民社會和民間企業的配合。例如SDGs的目標⑰是建立「永續發展夥伴關係（全球規模的合作關係）」，而MDGs的目標只有政府組織的參與，以更廣範圍的課題為解決對象的SDGs明顯更難達成。因此，在SDGs中，主導經濟成長的民間企業重要性提升，除了資金面以外，創造性和創新性也備受期待。

MDGs Millennium Development Goals

千禧年發展目標
2001年～2015年

8項目標、21個細項目標（簡單明瞭）

開發中國家的目標

由聯合國的專家主導制定

SDGs Sustainable Development Goals

永續發展目標
2016年～2030年

17項目標、169個細項目標（更全面、互相關聯）

所有國家的目標（普遍性）

由所有聯合國成員國參與討論

重視實施方式（資金、技術等）

總結
- □ SDGs是由針對開發中國家的MDGs發展而來。
- □ SDGs不只針對開發中國家，也納入先進國家，更全面。

為什麼我們必須投入SDGs？

▶ 地球承受不住企業、國家、個人的自私自利

　　那麼，為什麼我們要投入SDGs呢？說得極端點，**是因為人類若繼續漠視環保和人權，這個星球將再也無法住人。** 如果我們只考慮經濟利益，對森林濫墾濫伐、破壞環境，生物多樣性將會消失，使未來再也無法享受自然的恩惠。

　　2019年8月，巴西北部的亞馬遜熱帶雨林發生了史上最嚴重的火災，專家認為這場大火的起因之一，就是巴西政府置「經濟成長」於「環境保護」之上的政策。亞馬遜雨林每年都能吸收大量二氧化碳，將之轉換為氧氣，有「地球之肺」的別名，很有可能左右著地球整體的環境。所以就算是住在千里之外，我們也不能當作事不關己。

　　在環境科學當中，有一個概念叫做「地球限度（Planetary boundaries）」，這個理論以科學方法定義並量化了人類在地球上可安全活動的範圍。而看看這張圖，會發現地球已有數個領域達到了極限。

　　此外，享受不到經濟成長的恩惠、對社會感到不滿的人也在不斷增加，成為影響社會穩定的因素。假如這些問題放著不管，最終就會對全球經濟造成負面影響。

　　即便是發生在地球另一端的事，若從「地球公民」的概念來思考，那這些事都不是別人家的事。**如果只是「自掃門前雪」的話，這些問題的惡果最後仍會落到自己頭上。所以SDGs乃是為了保護我們人類和地球，非達成不可的國際公約。**

● 地球限度理論揭示的地球現狀

什麼是地球限度？

一旦超過極限，人類賴以生存的自然資源就會發生不可逆轉的變化。
在這9大項環境要素中，「物種滅絕的速度」和「生物地球化學循環
改變」這兩塊已進入高風險區域，而「氣候變遷」和「土地系統改
變」也已來到「風險增大」的區域。

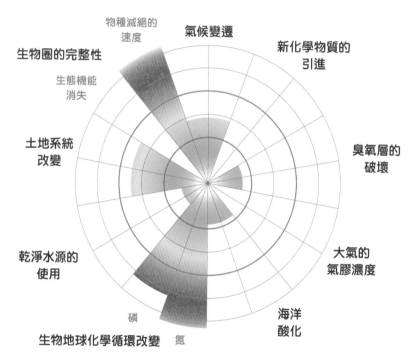

物種滅絕的
速度

氣候變遷

新化學物質的
引進

生物圈的完整性

生態機能
消失

土地系統
改變

臭氧層的
破壞

乾淨水源的
使用

大氣的
氣膠濃度

磷

海洋
酸化

生物地球化學循環改變　氮

▨▨ 已超過不穩定區域（高風險）
▨▨ 不穩定區域（風險增大）
▨▨ 地球的限度內（安全）

出處：Will Steffen et al.「Planetary boundaries: Guiding human
development on a changing planet」，日本環境省

| 總結 | □ 全球人類若不攜手合作，地球將達到極限。 |
| | □ SDGs是為了保護地球必須要遵守的國際公約。 |

想像SDGs沒有實現的世界

◉ 我們居住的地球充滿了不能置之不理的問題

要理解SDGs的重要性，其中一個方法就是去想像「若2030年之前，SDGs的各項目標沒能達成的話會怎麼樣」。

譬如SDGs的目標①是「消除各地一切形式的貧窮」。假如這項目標沒有實現的話，世界會變得怎麼樣呢？

開發中國家還有很多人連每天餵飽自己都很辛苦，相反地，先進國家卻囤積了一堆吃不完的食物。長期處於餓肚子的狀態，是不可能過上像樣的生活的。貧窮會使孩童得不到教育，帶來許許多多的限制。明明大家出生在同一個星球，卻因先天環境而存在不合理的階級落差，這種現象真的可以置之不理嗎？

若能不遺漏任何人地實現這項目標，不只能消除貧窮導致的不幸，還可能讓更多人來購買我們國家生產的產品。或許能在遙遠的異國打開新市場，幫助我們自己國家的經濟成長。

由此可見，即使是在遙遠的異地，只要運用想像力來思考，就會發現這些事情不一定與住在其他國家的我們毫無關聯。

這個世界充滿堆積如山的問題。我們可以先從自己在乎的目標開始，用當事者的心態去想像「假如沒達成的話世界會變成怎樣」、「假如達成的話世界會如何變好」。只要試著做做看，相信你就會理解推動SDGs的必要性和重要性了。

● 地球上正在發生的各種問題

全球暖化、水資源缺乏、自然災害增加、
能源缺乏、生物多樣性喪失、
氣候變遷極端化……等等

環境問題

社會問題

貧窮、傳染病盛行、
教育機會不平等、
各種歧視和壓榨行為、
少子高齡化、人口爆炸、
紛爭的長期化和複雜化……等等

經濟問題

經濟危機頻發、
經濟差距擴大、
社會福利財源不足、
高失業率的都市化、
青年失業率攀升……等等

若繼續丟著這些問題不管，將無法實現「永續發展」，
讓地球不再適合人類生存！

總結

□ 用當事人的心態去思考「若問題沒得到解決會發生什麼事」。
□ 思考「若解決問題世界會如何變好」。

SDGs的目的是
同時解決各種不同問題

● 犧牲其他目標達成的目標不算數

　　SDGs各目標的背景錯綜複雜，會相互影響。舉個簡單的例子，致力達成目標⑫的細項目標之一「減少食物浪費」，也有助於目標⑧的細項目標「漸進地改善資源利用效率」的達成。這個嘗試也可能有助於把糧食分給受飢餓所苦的人們，幫助消滅貧窮（目標①）。另外，要增加擁有不浪費食物觀念的人，也必須讓人們透過教育習得正確的知識（目標④）。

　　相反地，假如為了實現目標⑪「永續鄉鎮」而砍伐森林，有時可能會讓目標⑮「陸域生態」的實現更加遙遠。話雖如此，也不能犧牲一個目標來達成另一個目標。就算很難兼顧兩者，也必須堅持下面3個理念，運用智慧來努力實現，這才是SDGs的精神。

· **依照世界和社會的需求來設定目標**
· **根據外部觀點來設定必要的目標**
· **採取具有「永續性」的實踐方法**

　　在此之上，**還要採取可同時解決（多重效益）多個相互關聯的SDGs目標的做法。**

　　要實現這點，全世界的人們必須超越彼此的立場差異，將過去被個別看待和解決的問題、挑戰視為一體。政府、企業、個人，大家一盤散沙、各自為政是無法解決複雜的現代問題的。目標⑰之所以要提出「永續發展夥伴關係」，就是因為缺少夥伴關係，就無法解決綜合性的問題。

● 以減少食物浪費為例來看SDGs各項目標的關聯性

8.2 提高經濟體的產能
8.4 漸進地改善資源利用效率

12.2 對天然資源進行永續性的
管理和有效率的利用
12.5 大幅減少廢棄物的產生

同時達成

13.2 因應氣候變遷

同時達成

同時達成

細項目標12.3

將零售與消費者層級上的全球糧食浪費減少一半，
並減少生產與供應鏈上的糧食損失，包括採收後的
損失。

效果

效果

17.14 強化政策連貫性
17.16 強化全球夥伴關係
17.17 鼓勵及推動政府間、
官民、民間的夥伴關係

2.1 終止飢餓
2.2 消除營養不良
2.4 確保永續性的
糧食生產系統

效果

9.4 改良基礎建設和產業，
以提高永續性

效果

4.7 學習知識和技能

出處：日本環境省

| 總結 | ☐ SDGs的各目標是相互關聯且關係複雜的。
☐ 致力於找出可同時解決各個目標的方法很重要。 |

從5個「P」來思考，
就能輕鬆理解SDGs

● 17個目標可以分成5大關鍵字

　　SDGs有17個目標，要全部背下來很不容易。但只要用俗稱「5P」的關鍵字來理解，就能輕鬆整理這17個目標的概念，更容易掌握SDGs。即使不把SDGs的17個目標全部背下來，只要記住「5P」，就能大致理解SDGs的宗旨了。

① People（人）……使所有人的人權得到尊重、擁有尊嚴、平等地發揮潛能。終結貧窮和飢餓，實現性別平等，確保所有人都享有教育、飲水、衛生和健康的生活。

② Prosperity（繁榮）……使所有人都擁有富裕且充實的生活，確保與自然和諧共存的經濟、社會與技術發展。

③ Planet（地球）……透過具永續性的消費和生產、自然資源的永續管理、氣候變遷的緊急應對等，防止地球環境惡化，兼顧現代和未來世代的需求。

④ Peace（和平）……致力於創造一個和平、公正、沒有恐怖和暴力，所有人都能得到包容、參與的世界。

⑤ Partnership（夥伴關係）……基於強化國際合作的精神，致力於政府間、民間組織、公民社會、聯合國組織等多元相關者的共同參與，實現更具國際性的夥伴關係。

● 17項目標和「5P」的關係性

❶ People（人）消除貧窮，確保健康

❷ Prosperity（繁榮）建立經濟繁榮、可安心生活的世界

❸ Planet（地球）與自然共存，守護地球環境

❹ Peace（和平）透過互相理解，實踐沒有紛爭的和平世界

❺ Partnership（夥伴關係）大家協力合作

出處：依據聯合國資訊中心「給想推廣、教育SDGs之人的『虎之卷』」
（SDGsを広めたい・教えたい方のための「虎の巻」）」

總結
☐ SDGs的17項目標可以依目的分為5大類。
☐ 只要記住「5P」就能理解SDGs的宗旨。

提示「環境保護」重要性的
SDGs婚禮蛋糕模型

● 先有環境，才有社會和經濟

　　「環境保護」是SDGs的一大支柱。而瑞典環境學家約翰・羅克斯特倫（Johan Rockström）和印度環境科學家帕萬・蘇克德夫（Pavan Sukhdev）共同提出了「**SDGs婚禮蛋糕模型**」來讓人們更淺顯易懂地理解環境保護的重要性。這兩人同時也是SDGs的基礎概念「地球限度（Planetary boundaries）」（P.20）的提出者。

　　這個模型將世界分成了環境（生物圈，Biosphere）、社會（Society）、經濟（Economy）3個階層，而「社會」和「經濟」都建立在「環境」之上，**顯示了是大自然的恩惠在支撐著人類的社會和經濟，將SDGs的目標串連起來，用視覺化的方式展現了環境保護的重要性。**

　　我們都是多虧了地球環境及創造了生物多樣性的生態系服務（＝可從奠基於生物多樣性的生態系獲得的恩惠），才能擁有糧食、飲水及穩定的氣候。然而，人類長期以來卻一直在破壞自己賴以生存的「環境」。自1990～2020年間，地球上有5～15%的物種完全滅絕，其原因幾乎都是人類的開發、濫捕和污染所導致。

　　一如約翰・羅克斯特倫所說的「為了確保地球環境穩定地運作，以使未來的世代可以繼續成長和發展，現在的人類必須建立一個新的經濟和社會典範」，**一旦作為地基的環境遭到破壞，社會也無法維持穩定，更遑論經濟成長了。**

● SDGs婚禮蛋糕模型

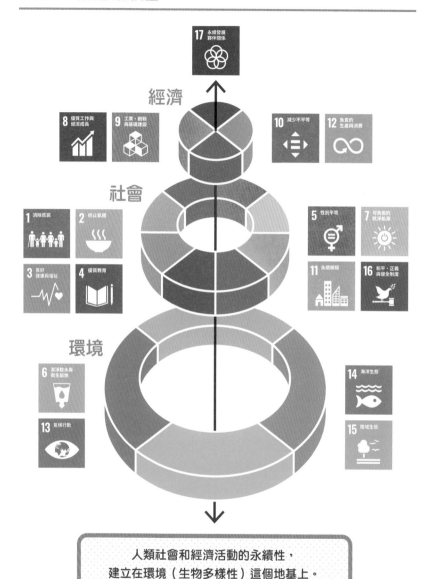

人類社會和經濟活動的永續性，
建立在環境（生物多樣性）這個地基上。

出處：斯德哥爾摩復原力中心

總結	□ SDGs婚禮蛋糕模型呈現出環境的重要性。
	□ 一旦環境遭到破壞，社會和經濟也會變得不穩定。

全球整體的SDGs實踐進度

◉ 我們依然距離「不丟下任何一個人」相當遙遠

聯合國會定期針對SDGs的達標進度，發表「永續發展目標（SDGs）報告」。而從2018年6月公布的2018年版報告，可以大致看出目前全球的進展。

這份報告指出「綜觀全人類的生活，儘管整體上比10年前更加改善，但是在不丟下任何一個人的目標方面，依照目前的速度，無法在2030年時達成議程中所設定的目標」，因此呼籲各國的權益人（stakeholder）應立刻加速採取行動。

從一個最直觀的例子來看，在目標②「終止飢餓」方面，全球營養不良人口的比例從2015年的10.6%不減反增至2016年的11%；而在目標③「良好健康與福祉」方面，瘧疾的染疫人口亦從2013年的2億1000萬上升至2016年的2億1600萬。仍有不少項目的情況在不斷惡化。

不過另一方面，全球每人每天收入不到1.90美元，且與家人同住的勞動人口比率，則從2000年的26.9%大幅降低至2017年的9.2%；全世界有電力可用的人口比例也從2000年的78%提升至2016的87%，無電可用的人口已降低至10億人以下，有明顯改善。然而，反過來看，這世界依然約每6個人中就有1個人被迫過著無電可用的生活。**由於SDGs的理念是「不丟下任何一個人」，所以即使情況已有改善，要做的工作仍堆積如山。**

● 「永續發展目標（SDGs）報告2018」的主要調查結果

 每日收入不到1.90美元，處於極度貧窮狀態的人口約有7億8300萬人。

 營養不良的人數
從2015年的7億7700萬人
增加到2016年的8億1500萬人。

 在南亞，女性未成年結婚的風險
降低了40%以上。

 在2015年，有23億人依然
沒有基本的衛生服務可用，
有8億9200萬人仍然在戶外便溺。

 在2016年，有近10億人無電可用。
其中絕大多數居住在農村地區。

 在2017年，天然災害導致的經濟損失
超過3000億美元，
金額之大在近幾年中格外罕見。

出處：聯合國資訊中心「永續發展目標（SDGs）報告2018」

| 總結 | ☐ 許多目標雖有改善，但離達標仍十分遙遠。 |
| | ☐ 不少細項目標如瘧疾等不減反增，更加惡化 |

Part
1

為何SDGs正受到關注？

認識世界各國的SDGs達成狀況

● 先進國家的社會責任和改革

聯合國永續發展網路（SDSN）和德國貝塔斯曼基金會，每年都會公布「Sustainable Development Report（永續發展報告）」分析各國的達成進度，而在2019年6月公布的「2019年版」中，一共給162個國家打了分數。

該年的前5名國家分別是丹麥、瑞典、芬蘭、法國、奧地利，全部被歐洲國家霸榜。

另一邊，在末段班方面，吊車尾的是中非共和國，其他還有查德、剛果民主共和國等非洲諸國。

而最令日本讀者在意的日本，在2017年時的排名是第11名，2018年時掉到15名，而2019年依然保持在15名。 順帶一提，世界第一大經濟體美國排在第35名，第二大經濟體中國則是第39名。特別是美、中這兩個消費大國的影響力巨大，未來更需要負起責任，不應再以本國經濟掛帥，而應與其他國家共同合作。

把GDP前5高國家的達成狀況用顏色分類製表，也會發現代表達標的「綠色」十分稀少，不及格的「紅色」卻很多（評分由高至低依序是綠→黃→橙→紅）。由此可見，**想在2030年實現SDGs仍是十分遙遠的夢想，必須全球攜手共同推動SDGs才行。**

不僅如此，這份報告也追究了對地球影響力最大的先進國家的社會責任，並表達出必須加速推動「目標⑬氣候行動」、「目標⑭海洋生態」、「目標⑮陸域生態」的訴求。

● SDGs達成度排名（2019年版）

名次	國名	分數
1	丹麥	85.2
2	瑞典	85.0
3	芬蘭	82.8
4	法國	81.5
5	奧地利	81.1
6	德國	81.1
7	捷克	80.7
8	挪威	80.7
9	荷蘭	80.4
10	愛沙尼亞	80.2
11	紐西蘭	79.5
12	斯洛伐尼亞	79.4
13	英國	79.4
14	冰島	79.2
15	日本	78.9

名次	國名	分數
148	吉布地	51.4
149	安哥拉	51.3
150	賴索托	50.9
151	貝南	50.9
152	馬利	50.2
153	阿富汗	49.6
154	尼日	49.4
155	獅子山	49.2
156	海地	48.4
157	利比亞	48.2
158	馬達加斯加	46.7
159	奈及利亞	46.4
160	剛果民主共和國	44.9
161	查德	42.8
162	中非共和國	39.1

出處：SDSN、貝塔斯曼基金會「Sustainable Development Report 2019」

● GDP前5名國家的各目標達成狀況（2018年）

	排名	目標❶	目標❷	目標❸	目標❹	目標❺	目標❻	目標❼	目標❽	目標❾	目標❿	目標⓫	目標⓬	目標⓭	目標⓮	目標⓯	目標⓰	目標⓱
美國	35																	
中國	39																	
日本	15																	
德國	6																	
英國	13																	

■ 離達標很遙遠　■ 還有很多課題待解決　■ 接近達成但仍有課題待解決　■ 已達成

出處：SDSN、貝塔斯曼基金會「Sustainable Development Report 2019」

總結	□ 目前離達成2030年的SDGs仍十分遙遠。 □ 日本的SDGs達成度是全球第15名。

認識SDGs達成度排名
「全球第15」的日本達成狀況

⊙ 17項目標中只有2項「達成」

一如在P.32介紹的，日本的SDGs達成度在全世界排第15名。那麼，本節我們來具體看看SDGs的這17項目標，日本究竟分別達到多少分數吧。

這份報告將每個國家17項目標的達成狀況分成「已達成」、「接近達成但仍有課題待解決」、「還有很多課題待解決」、「離達標很遙遠」這4個等級。

綠色表示「已達成」，而日本只有「目標④優質教育」和「目標⑨工業、創新與基礎建設」這兩項是綠色。另一方面，被評為「離達標很遙遠」的目標有「目標⑤性別平等」、「目標⑫負責的生產與消費」、「目標⑬氣候行動」、「目標⑰永續發展夥伴關係」這4項之多。

2018年版的「國際性別落差（Global Gender Gap）指數」在對149個國家進行調查後，將日本排在110名，在G7（七大工業國組織）成員國中吊車尾，可見包含男女薪酬落差等問題在內，日本社會對女性的不平等依然根深蒂固。除此之外，還有可再生能源的比例低落、漁業資源管理不善等，凸顯了日本仍存在的課題。

SDGs就算曾於某年度達成，如果之後再度惡化的話，評分還是會下跌，所以必須持續地解決問題。

另外，由於SDGs是全球共通的目標，日本想要達成所有目標，就不能沒有其他國家的協助，同時也必須協助其他國家達成他們的目標。

● 日本的SDGs達成度和趨勢

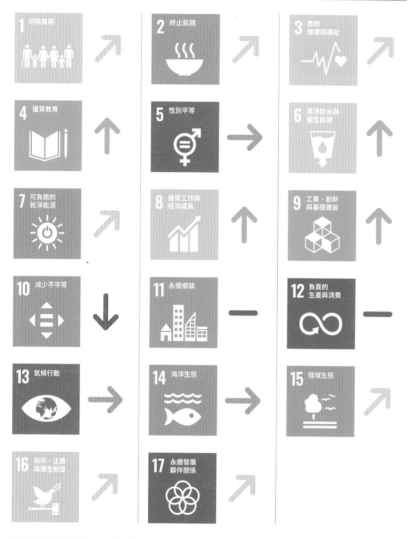

▓▓離達標很遙遠 ▓▓還有很多課題待解決 ▓▓接近達成但仍有課題待解決 ▓▓已達成

↓惡化 →維持現狀 ↗改善 ↑達成或即將達成 ━不明

出處：SDSN、貝塔斯曼基金會「Sustainable Development Report 2019」

| 總結 | ☐ 日本只有2個項目已經達成目標。 |
| | ☐ 其中「目標⑩減少不平等」正在退步。 |

任何人都能為SDGs的實現
出一分力

● 躺在家裡沙發上也能為SDGs盡一分力

　　SDGs是全球性的目標，所以地球上的每一個人都抱著當事人的心態十分重要，但像「消除貧窮」、「海洋生態」如此宏大的17個目標，很容易讓人感覺是國家、地方政府，或是企業才有能力去處理的事。說得更直接點，身為個人的大眾很容易覺得這些事離自己太遙遠，扯不上關係。然而，**其實你我自己，以及你所工作的公司，都有能力為這些目標出一分力。**

　　譬如，即使只是躺在沙發上，也可透過隨手關掉沒在看的電視來節約能源，或是在平常買東西時自己準備環保袋、拒絕使用塑膠袋，在職場上發聲制止性別歧視的行為等等。

　　2019年9月在聯合國總部舉行的氣候行動峰會上，年僅16歲的瑞典環境運動家格蕾塔·童貝里控訴「大人們沒有認真因應全球暖化」的新聞紅極一時。全球像她一樣把自己當成地球公民、對現狀抱有危機感，呼籲大眾採取行動的人正在增加。

　　聯合國資訊中心在「邁向永續社會　連樹懶也能做到的行動綱領」中，將任何人都能為SDGs做到的事情分為4個等級，整理成簡單易懂的形式。右頁擷取了其中一部分，相信不論是身為個人，還是身為自己所屬公司的一分子，都一定能從中找到自己能實踐的行動，塑造一個更美好的世界。與此同時，相信你也會發現自己其實還有很多能做到的事。

● 日常生活中能為SDGs做到的事

Level：1 躺在沙發上能做到的事

| 不用吹風機或烘衣機，讓頭髮和衣物自然風乾！ | 回收紙類、塑膠、玻璃、鋁罐！ | 冬天暖氣溫度開低點，夏天冷氣溫度開高點！ | 在自家裝設太陽能板。可以大幅減少電費喔！ |

Level：2 待在家裡能做到的事

| 節約用電。 | 對朋友分享女性權利或氣候變遷的相關文章！ | 盡量不把文件印成紙本！ | 在網路購物時，優先選擇環境友善的企業品牌！ |

Level：3 在戶外能做到的事

| 購買在地生產的產品！ | 自備環保袋去購物！ | 把不用的東西捐出去！ | 購買慢時尚產品！ |

Level：4 職場能做到的事

| 發聲支持同工同酬制度。 | 在職場發現歧視現象時，不論是什麼事都為被歧視者發聲！ | 公司內使用節能型冷暖氣！ | 拒絕與傷害生態系的供應商合作！ |

出處：根據聯合國資訊中心「邁向永續社會 連樹懶也能做到的行動綱領」製作

總結
□ 有很多在家中和職場也能對SDGs有所貢獻的方法。
□ 從平時就思考如何為SDGs做出貢獻，提高永續意識。

SDGs先進國家丹麥的「Hygge」哲學是什麼？

丹麥在2019年公布的SDGs達成度排名（P.33）中名列第一，是SDGs先進國。丹麥的人均帳面GDP是6萬897美元（根據IMF、2018年度的資料），遠勝過日本的3萬9304美元（同前），擁有世界一流的經濟實力。不僅如此，在聯合國相關組織公布的「世界幸福國家排名 2019」中，丹麥也名列第2，僅次於同為北歐的芬蘭。順帶一提，在這項排名中，日本的名次比2018年掉了4名，排在第58名。

而讓丹麥人擁有如此高幸福度的獨特哲學，就是「Hygge」。這個詞找不到完全對應的中文字，指的是「與家人和朋友之間溫暖舒適的氣圍和時光」，是一個象徵了丹麥人價值觀的名詞。近年，這個概念在歐美逐漸受到注目，連日本人也開始使用。

丹麥人認為「與家人和朋友共度的時光」和「接觸大自然」、「不愛慕虛榮，沒有多餘物質的生活」讓人心曠神怡，並十分重視這種價值。丹麥之所以常年穩坐世界幸福國家前幾名，相信是因為他們從平時的日常生活就能感受到幸福。一個人只要感到幸福，就能友善地對待其他人。或許正是因為這個友善的圈圈擴展到整個國家，所以丹麥才能成為第一個承認同性婚姻的國家，在多元性和包容性上如此進步。「Hygge」的哲學，或許也能在我們解決SDGs提出的目標，必須兼顧「環境」、「人權」、「經濟」時，給予提示也說不定。

Part

2

投入有好處，
不投入有風險！

企業應該
投入SDGs的
理由

人民對企業的要求
會隨社會變化而改變

● 「SDGs」是目前全球企業最需要的東西

日本的企業數量預期到2040年末，將從2015年末的400萬間左右，減少至300萬間（73.4%），尤其是偏遠縣市更會大幅減少。相信未來企業將經歷前所未有的快速變化。而跟不上這個變化的企業恐將被淘汰。

在這樣的環境下，不只是企業，就連個體戶也需要改變舊有的觀念。必須敏感察覺各種變化，像是隨著時代變遷的生活型態、消費行為、對環境和人權的觀念，並培養可看到長遠未來的目光。

回首歷史，每個時代的企業和生意人需要的東西不斷在改變。1990年代，社會逐漸重視全球暖化等環境問題，開始要求企業或政府保護環境。之後，CSR（企業的社會責任）受到重視，到了現代已被視為一種常識。而現在，SDGs亦受到極大的關注。

很多企業因為過去不重視環境、缺乏人權意識，開始失去權益人的支持。今後，如果企業不重視SDGs，將會被視為跟不上時代。反過來說，「參與SDGs」和「企業永續性」的關係在未來將更加密不可分。

● SDGs的發展過程與背景

	環境相關	人權相關
1965年		消除一切形式種族歧視國際公約
1966年		公民權利和政治權利國際公約、 經濟、社會及文化權利國際公約
1973年	華盛頓公約（保護瀕危物種）	
1976年	OECD制定「跨國企業準則」	
1979年	遠距離越境空氣污染公約	消除對婦女一切形式歧視公約
1984年		聯合國禁止酷刑公約
1985年	保護臭氧層維也納公約	
1987年	世界環境與發展委員會報告書 「我們共同的未來」 蒙特婁議定書（管制氟氯碳化物）	
1988年	IPCC（政府間氣候變化 專門委員會）成立	
1989年		兒童權利公約
1990年		保護所有移徙工人及其家庭成員權利國際公約
1992年	聯合國環境與發展會議（地球高峰會）、 聯合國氣候變遷綱要公約、 生物多樣性公約	
1997年	京都議定書	
2000年	千禧年發展目標（MDGs）	
2002年	永續發展世界高峰會議（RIO+10）	
2006年	聯合國責任投資原則（PRI）	身心障礙者權利公約、保護所有人免遭強迫失蹤國際公約
2010年	ISO26000社會責任指引	
2011年		聯合國工商業與人權指導原則
2012年	聯合國永續發展大會（RIO+20）	
2015年	永續發展目標（SDGs）	
	巴黎協定	

總結

☐ 時代要求企業必須投入SDGs。

☐ 不投入SDGs，就會失去權益人的支持。

「SDGs」跟「CSR」、「CSV」究竟有何不同？

◉ 理解SDGs，就不會跟CSR和CSV混淆

不少人會把「SDGs」、「CSR」、「CSV」等名詞混淆在一起，搞不清楚它們有什麼不同。本節就來簡單整理一下吧。

回首歷史，許多企業在追求利益的過程中製造了公害，還做了偽造產地、做假帳等違法行為，引起各式各樣的問題。

因為這些經驗，人們開始強烈意識到CSR（**企業的社會責任：** Corporate Social Responsibility）的重要性，也就是要求企業應做出對消費者、投資人及社會整體等所有權益人有利的決策，並從倫理的角度透過商業活動自發地為社會做出貢獻。CSR活動除了要求企業守法外，還要求企業對權益人善盡說明的責任。但另一方面，多數人對CSR的理解，主要是企業用與本業無關的形式，自發地進行捐款或舉辦慈善活動，也就是由企業出錢「做善事」。

另一個類似的名詞是由麥可・波特教授提出的CSV（**創造共享價值：** Creating Shared Value）。這種以兼顧過去被視為互斥的「創造經濟利益」和「創造社會價值」為目標的概念，又被描述為「用商業手法來解決社會問題」，比起CSR更著重經濟層面。

而SDGs則是以「透過工商業來解決環境與人權等社會問題，使經濟永續發展」為目標，雖與CSR和CSV有相似之處，卻是聯合國制定的「目標」，在性質上與後兩者並不相同。

SDGs

Sustainable Development Goals

永續發展目標
● 2015年由聯合國通過

**全球共同致力達成的
17項目標和169個細項目標**

CSR

Corporate Social Responsibility

企業的社會責任
● 自1990年代
開始被使用

透過與本業無關的
捐款、慈善活動
來貢獻社會

例）家電廠商發起的
森林再造
計畫……等

CSV

Creating Shared Value

創造共享價值
● 2011年由麥可·波特
教授提出

用商業手法
解決社會問題

例）使用東日本
大地震受災地的
農產品開發
新商品……等

總結

☐ CSR、CSV是一種理念和哲學，SDGs是具體的目標。
☐ CSR、CSV這兩種理念，對於SDGs來說都是必要的。

SDGs每年可產生
12兆美元的經濟效益

● SDGs可在2030年前創造巨大經濟價值和工作機會

　　在2017年1月舉辦的世界經濟論壇（達沃斯會議）上，商業與永續發展委員會（BSDC）表示，2030年之前，在佔全球實體經濟約60%的「糧食與農業」、「都市」、「能源與材料」、「健康與福祉」這4個經濟系統（P.46）中，**「企業可藉由實施SDGs創造每年12兆美元（約332兆台幣）的經濟價值，並創造最多超過3億8000萬個工作機會」**。

　　若無法達成SDGs，地球將不再適合居住。既然社會要求企業透過工商業活動來扭轉地球的危機，那麼只要經營有助於達成SDGs這個全球共同目標的事業，就能創造巨大的商機。對企業來說，SDGs就像一座「寶山」，而在這17項目標、169個細項目標中，就存在著創造新生意的線索和提示。

　　BSDC是用「市場機會的價值」這個概念來計算其經濟效益。譬如12兆美元中，移動系統（輔助選擇交通運輸工具的資訊提供系統或可代替自用車的新交通工具等），推測可在2030年之前創造2.02兆美元（約55兆台幣）的經濟效益。換言之，不參與SDGs，就等於白白放過這麼高價值的市場機會。

　　以盈利為目的的企業之所以應該關注SDGs，是因為SDGs與獲利具有直接的關係。

● 2030年時的市場機會價值

	億美元
移動系統	20,200
新醫療解決方案	16,500
能源效率相關	13,450
綠能	12,000
價格可負擔的住宅	10,800
循環式生產	10,150
健康的生活型態	8,350
糧食浪費、廢棄物相關	6,850
農業解決方案	6,650
森林生態系統服務	3,650
都市基礎建設	3,550
建築解決方案	3,450
其他	7,400

（億美元）0　5,000　10,000　15,000　20,000　25,000

出處：商業與永續開發委員會「更好的商業，更好的世界」

總結	□ SDGs存在每年可創造12兆美元規模的巨大商機。 □ 企業不參與SDGs將損失巨大利益。

60個因SDGs
而存在商機的領域

◉ 經濟、環境、社會的永續發展所帶來的商機

　　商業與永續發展委員會（BSDC）表示，於「糧食與農業」、「都市」、「能源與材料」、「健康與福祉」這4個領域，永續發展將可能在2030年之前，創造12兆美元的經濟價值，而且**有60個領域存在商機。**

　　這裡列舉的60個領域，每個都對SDGs提出的全球課題有正面影響，有助於SDGs的實現。換言之，追求社會及環境的永續可能性，是可以同時兼顧商業利益的。在這些領域擁有創新的技術或解決方法的企業，不僅對SDGs有貢獻，還預期可以拓展更大的市場。

　　相反地，與SDGs脫節、固守舊有事業的企業，將因未能轉型成具永續性的成長模式而被時代淘汰，在企業的永續性上背負巨大的風險。

　　譬如，美國加州已禁止餐廳使用一次性的塑膠吸管，全球都在加速淘汰塑膠製的餐具和塑膠袋。因為社會已把塑膠微粒對環境和健康的危害與垃圾問題視為嚴重問題。如果不能回應時代的訴求，就有可能對事業造成不良的影響。

　　BSDC提出的這60個領域，不只提示了未來的商機所在，也同時告訴我們不採取對策的風險。

● 存在商機的60個領域

🍎 糧食與農業	🏢 都市	🏭 能源與材料	🚑 健康與福祉
減少價值鏈中的食物浪費	價格可負擔的住宅	可循環模型——汽車	風險池
森林生態系服務	能源效率——建築	拓展可再生能源	遠端患者監護
低所得糧食市場	電動車或油電車	可循環模型——裝置	遠端治療
減少消費者的食品廢棄物	都市區的公共交通設計	可循環模型——電子產品	最先進的基因組學
產品重構	共享汽車	能源效率——非能源密集型產業	業務服務
大規模農場的科技	道路安全裝置	儲能系統	偽造醫療藥品的檢測
飲食轉換	自駕車	資源回收	菸品管理
永續水產養殖	降低內燃機車的油耗	最終用途鋼鐵效率	體重管理程式
小規模農場的科技	高耐久性的都市	能源效率——能源密集型產業	改善疾病管理
小規模灌溉	降低鄉鎮區的漏水率	碳捕捉與封存	電子病歷
退化土地的復原	文化觀光	能源取得	改善母體、幼兒健康
減少包裝廢棄物	智慧電錶	環境友善的化學物質	健康管理訓練
促進酪農業	水與衛生設備	添加劑製造	低成本手術
都市農業	共享辦公空間	萃取物就地採購	
	木造建築物	共享基礎建設	
	高耐久性的模組化建築物	礦山復原	
		並網發電系統	

出處：商業與永續發展委員會「更好的商業，更好的世界」

總結	☐ BSDC表示，有60個領域存在商機。 ☐ 若不投入這60個領域，很可能會背負巨大的風險。

不只大企業！
中小企業更該投入SDGs的理由

● 中小企業已經慢人一步

根據關東經濟產業局和日本立地中心於2018年12月公布的「中小企業SDGs認知度、實態等調查」，在SDGs的認知度方面，日本的中小企業經營者中，「對SDGs完全不認識」的有84.2%，「有聽過但不清楚詳細內容」的有8.0%，由此可知，**絕大多數的日本中小企業都不認識SDGs**。儘管許多人都回答「很難為SDGs做出貢獻」，但這些回答者其實約有3成正經營對SDGs有貢獻的事業，反映了日本中小企業對SDGs認識不足的情況。

但如果反過來利用這個現狀去投入SDGs，或許就能藉由「雖然屬於中小企業，但已投入SDGs」來吸引社會的關注。一如在Part3將會介紹的，以跨國企業為首的眾多大企業，現在都漸漸開始重視供應鏈上相關企業的事業內容。另一方面，因為SDGs是以活化多元的夥伴關係為目標，所以投入SDGs將有可能建立過去沒有的夥伴關係。**在未來，供應商「是否投入SDGs」，或許將成為企業採購的條件之一**，所以就算是中小企業也必須投入SDGs。正因為現在多數的中小企業對SDGs的認識都不深，趁現在投入將有可能帶來超乎預期的好處，並大幅降低未來的風險。

● 日本中小企業的SDGs認知度和投入狀況

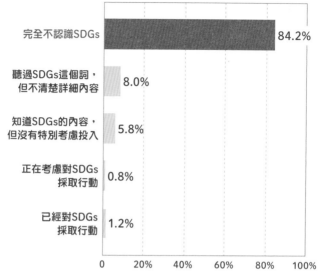

完全不認識SDGs — 84.2%

聽過SDGs這個詞，
但不清楚詳細內容 — 8.0%

知道SDGs的內容，
但沒有特別考慮投入 — 5.8%

正在考慮對SDGs
採取行動 — 0.8%

已經對SDGs
採取行動 — 1.2%

0　20%　40%　60%　80%　100%

出處：關東經濟產業局、日本立地中心「中小企業SDGs認知度、實態等調查」

● 客戶對環境面和社會面的要求正變得愈來愈嚴格

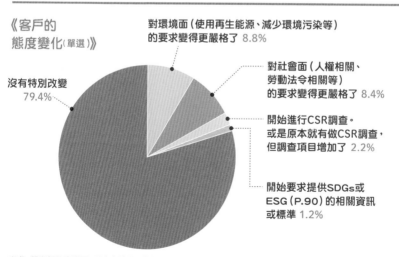

《客戶的
態度變化（單選）》

沒有特別改變
79.4%

對環境面（使用再生能源、減少環境污染等）
的要求變得更嚴格了 8.8%

對社會面（人權相關、
勞動法令相關等）
的要求變得更嚴格了 8.4%

開始進行CSR調查。
或是原本就有做CSR調查，
但調查項目增加了 2.2%

開始要求提供SDGs或
ESG（P.90）的相關資訊
或標準 1.2%

出處：關東經濟產業局、日本立地中心「中小企業SDGs認知度、實態等調查」

總結
☐ 中小企業對SDGs的認識十分缺乏。
☐ 未來「投入SDGs」成為採購條件的可能性很大。

企業應用SDGs的4個好處

● 思考錯過SDGs的壞處

　　儘管以達成SDGs為目標、付諸行動的企業正在增加，但這麼做的中小企業仍然很少。話又說回來，投入SDGs究竟能為企業帶來什麼好處呢？

　　日本環境省指出，**經營者和員工距離較接近的中小企業，其實比大企業更容易實踐和實現SDGs**，而應用SDGs可以為企業帶來4個好處。

- 提升企業形象
- 因應社會問題
- 拓展生存戰略
- 創造新的事業商機

　　而大型廣告代理商電通公司，也針對企業經營者和廣告宣傳部門、廣告公司發表了「SDGs Communication Guide」，提到企業投入SDGs可獲得以下4個好處。

- 改善和發展與權益人之間的關係
- 以SDGs為共同語言，實現不同主體間的協作
- 解決社會問題是巨大的商機
- ESG投資融資有益於資金調度（詳細內容請參照Part4）

　　日本環境省和電通公司都舉出了4個好處。兩者的內容雖然不完全相同，但共同之處是投入SDGs能為企業帶來許多好處，還未投入SDGs的企業也愈來愈需要去評估錯失這些好處的壞處。

◐ 日本環境省列舉的應用SDGs的4個好處

提升企業形象
展現自己投入SDGs,可在大眾心中留下「這間公司值得信賴」、「想進入這間公司工作」的印象,有助於確保富有多元性的人才。

因應社會問題
SDGs涵蓋了各種不同的社會課題。而解決這些問題,除了可以迴避經營風險,還能貢獻社會和獲得當地居民的信賴。

拓展生存戰略
由於客戶的需求變化和新興國家的崛起,企業的生存競爭愈發激烈。今後對SDGs的態度可能會成為採購的條件,且SDGs也能用來建立永續經營的戰略。

創造新的事業商機
投入SDGs可以促進與地區的關係、開拓新客戶和事業夥伴、創造新的事業等等,有助於發現過去沒有的創新和夥伴關係。

出處:根據日本環境省「使所有企業實現永續發展——永續發展目標(SDGs)應用指引——」製作

◐ 大型廣告代理商指出的應用SDGs的4個好處

改善、發展與權益人之間的關係
投入SDGs,可促進企業與權益人之間的關係。不僅可以提升企業價值,還能降低各種潛在的社會性風險。

以SDGs為共同語言,實現不同主體間的協作
SDGs是全人類共同的目標和框架,因此可與解決社會性問題的企業、國家、地方政府、地區、NPO法人等,締結夥伴關係和合作的機會。

解決社會問題是巨大的商機
如同前述,「SDGs每年可創造12兆美元的經濟價值」(P.44),SDGs存在著巨大的商業潛力。

ESG投資融資有益於資金調度
一如稍後會在Part4詳細說明的,投資人和金融機構會觀察企業的經營方針。而投入SDGs的企業在融資時會比未投入的企業更有優勢。

出處:根據電通「SDGs Communication Guide」製作

總結
☐ 投入SDGs可為企業帶來許多好處。
☐ 思考錯失SDGs的壞處。

日本企業相比歐洲企業，
對「商機」的敏感度低

● 日歐企業對SDGs的認識存在巨大差異

　　在2016年由企業活力研究所針對日本和歐洲企業進行的調查中，回答「SDGs存在商機」的日本企業只有37.1%，相反地，歐洲企業則高達63.5%。近年，日本企業雖然也開始重視SDGs，但從這份調查的結果來看，**歐洲企業對SDGs重要性的認識比日本企業更加超前**。

　　全球數一數二一般消費品製造商「聯合利華」的前CEO保羅‧波爾曼，曾就SDGs的潛在商機發表過以下言論。

「對貧窮置之不理，就等於白白放過賺錢的機會。貧窮的背後潛藏著可透過新興市場、投資、創新來獲得的數兆美元利益。然而，要贏得這些利益，就必須改變傳統的商業模式，解決貧窮、社會不平等與環境問題。實現SDGs，可以創造一個更加平衡、強韌的世界，也創造一個更適合做生意的環境。」

　　事實上，不論SDGs是「成本」還是「機會」，它都是為了實現地球永續發展必須達成的全球共同目標。既然如此，把SDGs當成一個機會更有意義，也更加積極正面。另外，如同之後會在Part4介紹的，現在投資方已漸漸把不投入SDGs的企業從投資名單中移除，所以從資金面來看，無視SDGs很可能會讓企業錯失商機。

● 日本和歐洲對解決社會問題（SDGs等）的態度差異

日本（2016年）

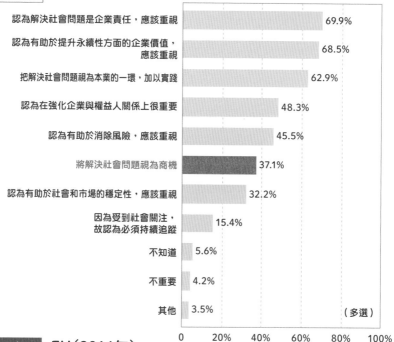

項目	百分比
認為解決社會問題是企業責任，應該重視	69.9%
認為有助於提升永續性方面的企業價值，應該重視	68.5%
把解決社會問題視為本業的一環，加以實踐	62.9%
認為在強化企業與權益人關係上很重要	48.3%
認為有助於消除風險，應該重視	45.5%
將解決社會問題視為商機	37.1%
認為有助於社會和市場的穩定性，應該重視	32.2%
因為受到社會關注，故認為必須持續追蹤	15.4%
不知道	5.6%
不重要	4.2%
其他	3.5%

（多選）

EU（2016年）

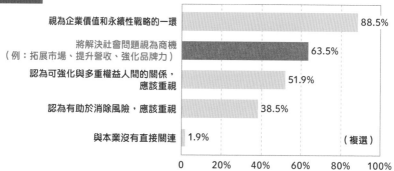

項目	百分比
視為企業價值和永續性戰略的一環	88.5%
將解決社會問題視為商機（例：拓展市場、提升營收、強化品牌力）	63.5%
認為可強化與多重權益人間的關係，應該重視	51.9%
認為有助於消除風險，應該重視	38.5%
與本業沒有直接關連	1.9%

（複選）

出處：企業活力研究所「解決社會問題（SDGs）的態度與國際組織、政府、產業界的合作型態相關調查研究報告書」

總結

☐ 將SDGs視為機會的日本企業很少。

☐ 日本企業在獲得商機這件事上可能會落後於人。

從現在做得到的事、感覺做得到的事開始實踐SDGs

● 從「做得到的事」和「感覺做得到的事」做起即可

　　企業是否需要因應SDGs的所有目標呢？筆者建議一開始不要勉強對每一項目標都採取行動，**先從「做得到的事」和「感覺做得到的事」開始做起就好。**

　　用SDGs的框架重新審視既有事業，應該會發現自己的業務原本就對幾項目標有所貢獻。譬如，製作防漏水閥門的公司，就透過減少漏水幫助了水資源的節省（目標⑥）；鋼鐵製造商則可透過製造高耐震的鋼材為目標⑪貢獻心力。而報社則可藉由報導投入SDGs的企業，幫助更多人認識SDGs。這也是一種為SDGs做出貢獻的方式。

　　我們在Part5會進一步詳細介紹，在思考自己要投入SDGs的哪一項目標或細項目標前，應該先檢視自家公司的既有事業與哪一項目標有所連結。接著再來思考企業的永續性，看看自家公司的業務對哪一項目標的影響力比較大，決定行動的優先次序。

　　以日本代表性的金融集團「瑞穗金融集團」為例，檢視他們的SDGs政策，會發現瑞穗集團也沒有把17項目標都列入考量。所以只要整理自家事業與SDGs的關聯性，從有能力貢獻的目標開始投入，為永續發展出一分力就行了。

● 瑞穗金融集團重視的課題與相關SDGs

課題	存在機會和風險的社會需求	關聯目標
健全的經濟成長	● 財政健全化與地區振興 ● 建立有韌性的基礎建設 ● 應用新科技或創新來提高生產力	8 9 11
少子高齡化與健康、長壽	● 事業繼承、技術繼承 ● 個人資產形成與跨世代轉移 ● 確保勞動力 ● 因應醫療、照護成本提高 ● 健康壽命的延伸 ● 確保所有人皆可取得必要的服務	3 8 9
創新	● 應用技術革新來達成商業的革新、創新 ● 培育新科技或創新企業 ● 因應網路攻擊等威脅	9
提高工作價值	● 促進職場的族群多元化並改革工作型態 ● 根據環境變化來培育人才	4 5 8
能源與環境	● 能源的穩定供給和環境保護 ● 因應脫碳社會的轉變 ● 保護生物多樣性 ● 確保糧食的安全供應	2 7 13 14 15
人權	● 防止、降低對人權的負面影響 ● 建立包容性的社會 ● 防止洗錢和對恐怖攻擊的資金供應	10 16
結盟與合作	● 與多元權益人間的開放性合作、結盟	17

無關的SDGs

出處：瑞穗金融集團「綜合報告書 2018」

總枯

☐ 從SDGs的17項目標中選擇做得到的事即可。
☐ 即使是日本的代表性大企業，也沒有投入全部目標。

向消費者和投資人傳達投入SDGs的重要性

◐ 大家都不知道你有參與SDGs，就等於沒有參與

在企業參與解決環境和社會問題的呼聲逐漸高漲的浪潮下，企業主動公告自家政策的必要性也日益提升。大型廣告代理商電通公司表示，要實現這點主要有4種方法。

① 經營戰略／中長期戰略

② 商品和服務

③ 營銷／宣傳活動

④ 利用各種認證標章

重要的是組合上述4種方法，確實讓權益人了解自家公司的SDGs政策，以及目前的狀況和進展，誠實地展示自己投入了哪些目標。這麼做不僅可以獲得權益人的信任，也有助於公司內部的理解。與此同時，企業扮演「社會公器」的角色積極向大眾傳達SDGs的訊息，也有助於啟發更多還不認識SDGs的消費者。

未來，消費者和投資人在選擇企業和商品時，將比以往更加注重「SDGs的投入」。**若沒有人知道你對SDGs的積極態度，那麼在消費者和投資者心中，就跟完全不參與沒有兩樣**。從這層意義來說，主動發布自己對SDGs的投入資訊相當重要。而且，向外界傳達自己積極參與SDGs的形象，也更容易與擁有相同理念的企業、地方政府、NPO法人等組織建立夥伴關係，提高創新的可能性。

● 向大眾傳達SDGs投入情況的主要方法

> 運用不同方法，積極告訴外界自家公司為了解決環境
> 和社會問題，將採取哪些行動和政策，向權益人清楚
> 傳達自家公司的立場變得愈來愈重要。

① 經營戰略／中長期戰略

將經營戰略或中長期戰略等，自家公司的未來願景與SDGs相連結，在與權益人溝通時積極利用。

② 商品或服務

積極地告訴權益人自家商品或服務如何有助於實現SDGs，並仔細檢視供應鏈，篩選商品和服務的供應商。

③ 營銷／宣傳活動

針對各種不同的權益人，擬定促進大眾參與SDGs的營銷或宣傳活動，並加以實行。

④ 利用各種認證標章

在自家商品或服務中，展示以「國際公平貿易標籤」為代表的各種第三方永續性認證標章。

《國際公平貿易標籤》

出處：參考電通「SDGs Communication Guide」製作

總結
> ☐ 讓大家知道你對SDGs的投入。
> ☐ 企業肩負啟蒙消費者、傳達SDGs重要性的職責。

不說謊，
誠實地投入SDGs很重要

▶ 假意參與的「SDG-Washing」行為

由於社會的環保意識逐漸高漲，愈來愈多企業開始在商品包裝或網站上向消費者宣傳，標示自家產品對環境友善。然而，消費者不易檢驗企業宣傳標語的真偽，所以大多數情況下只能無條件信任。

但令人遺憾的是，不少企業卻利用這點，只在口頭上支持環保來籠絡消費者。這種陽奉陰違的行為俗稱「**漂綠（Green-washing）**」。

歐美國家十分重視防止企業的漂綠行為。一方面是為了維持企業的公平競爭和保護消費者權益，另一方面則是因為漂綠行為的氾濫會降低民眾對環境友善產品的信任，令永續社會的實現變得更加遙不可及。

近年，許多日本企業開始投入SDGs，「**SDG-Washing**」一詞也應運而生。

假如日本政府做出「SDG-Washing」的行為，不僅國際信用會一落千丈，還可能蒙受經濟上的損失。同樣地，要是企業被發現有SDG-Washing的行徑，過去累積下來的信任也可能在一夕間土崩瓦解。

言行一致，誠實投入SDGs的重要性不言而喻。若是為了宣傳自家公司的形象而誇大其詞，就有可能被貼上「SDG-Washing」的標籤。要想避免這點，可以參考英國Futerra公司提供的「漂綠的10大跡象（10 Signs of Greenwash）」。

● 可能被視為「漂綠」的10種行為

行為①　使用模稜兩可的字眼
使用沒有明確意義的字眼或用詞。例）生態友善。

**行為②　明明是污染環境的企業，
卻販賣環保產品**
例）用污染河川的工廠生產的省電燈泡。

行為③　使用具暗示性的圖片
儘管完全沒有根據，卻使用會讓人以為對環境有良好影響的圖片。例）
從煙囪中排出花朵而非黑煙。

行為④　不恰當或轉移焦點的主張
明明舉行的其他活動都不環保，卻刻意強調僅佔九牛一毛的環保活動。

行為⑤　用比下有餘的方式來使自己看起來不那麼糟糕
在其他同業的環保意識程度低落的情況下，明明自己也只有做一點點的
環保活動，卻大肆宣傳自己比其他公司更環保。

行為⑥　毫無說服力的表現
將危險的產品環保化，並不會使產品變得安全。
例）環境友善的香菸。

行為⑦　拐彎抹角、難以理解的用詞
使用只有科學家才有能力檢驗和理解的用詞或資訊。

行為⑧　使用虛構人物的觀點來偽造事實
明明是自創的「認證標章」，卻偽裝成是第三方的認證。

行為⑨　缺乏證據

行為⑩　子虛烏有的謊言

出處：節錄自Futerra Sustainability Communications「The Greenwash Guide」

總結
□ 實際行動比宣稱的少，就叫「SDG-Washing」。
□ SDG-Washing會讓自己失去信用。

就算沒有罰則，
企業也應投入SDGs的理由

▶ 即使不會被處罰，最終仍須付出代價

SDGs沒有法律約束力，即使沒有達成也不會被懲罰。 話雖如此，若以為這代表「即使不投入SDGs也沒關係」，那就大錯特錯了。

舉例來說，假設你工作的公司藉由雇用開發中國家的廉價童工賺取了巨大的利益，這麼做很明顯對SDGs的目標①和目標⑧有負面影響。

砍伐瀕危物種棲息的森林來蓋工廠，以此獲得龐大的利益，則明顯不利於目標⑫、目標⑬和目標⑮。就算賺到了暴利，也很可能受到諸多譴責，而不是讚譽。

現在國際社會的環保意識和人權意識高漲，大眾對此類行為的關注和檢視也愈來愈強。為了牟利而經營違反SDGs的事業，遲早有一天會被人發現。一旦曝光，就會失去包含消費者在內的權益人的信任。過去建立的信用也可能在瞬間瓦解。

此外，如同接下來將在Part4介紹的，從事違反SDGs事業的企業也會被投資者從投資名單上排除。

即使不刻意規定罰則，違反SDGs的企業最終仍須向社會付出相應的代價。 違反SDGs，就等於傷害自家公司或自己的永續性。

● 雖然SDGs沒有罰則，但仍存在強大的外部壓力

SDGs
● 沒有法律約束力　● 沒有罰則

然而，若不投入SDGs……

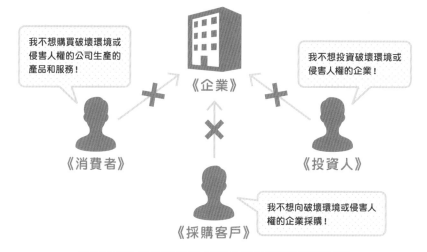

我不想購買破壞環境或侵害人權的公司生產的產品和服務！

《消費者》

我不想投資破壞環境或侵害人權的企業！

《投資人》

我不想向破壞環境或侵害人權的企業採購！

《採購客戶》

《企業》

雖然沒有法律約束力和罰則，
卻會承受與權益人關係惡化的巨大風險。

總結	□ SDGs沒有法律約束力，也沒有罰則。 □ 雖然沒有法律約束力，卻有社會約束力。

SDGs先進國家瑞典的「高環保意識」

　　SDGs達成度排名（P.33）第2的瑞典，由國家帶頭樹立了「留給下一代適宜生存的環境」的跨世代目標，並制定了在一個世代內（2021年前）創造永續社會的政策。尤其在環境保護方面，瑞典更是全球最進步的國家之一。其中，最受注目的先進政策之一，就是在1999年制定環境法典的同時，成立了「環境法院（現名土地及環境法院）」。

　　為了處理環境問題而特地成立專門的法院，瑞典的環保意識如此之高，是因為該國在1960年代時曾遭遇嚴重的酸雨問題。當時的酸雨造成森林枯萎，對自然環境造成極大的傷害。

　　對此狀況感到擔憂的瑞典政府，於1967年設立環境保護局，並於隔年開始在學校推動正式的環境教育。不久後，瑞典的小學加入環保課程。同時，許多學校設置了不使用電力，利用蚯蚓將廚餘分解成有機肥料的「蚯蚓堆肥桶」，讓學生們從日常生活切身體驗自然循環。

　　在從小就有許多機會學習自然生態的瑞典，人們學到的是人類會對自然生態產生哪些影響。另一方面，日本則更偏向從「環境保護」的角度來教育民眾。

　　不僅如此，在瑞典做資源回收可以把垃圾換成現金，換購環保汽車可以在停車場免費停車，在社會的各個層面制定了許多可鼓勵國民積極從事環保行動的政策。

Part

3

多間企業攜手合作，
可以做到一家公司做不到的事！

從「供應鏈」

看見

該做的事

利益至上主義
正讓地球步入危機

● 利益至上主義正讓獲利變得困難

回顧歷史，我們很難否認人類是犧牲了環境和人權，才有今天的經濟發展。企業必須追求獲利，但太過追求獲利，就會變成不惜違反道德或法律也要追求獲利的「利益至上主義」。

舉例來說，若再繼續破壞環境、對地球造成不可挽回的傷害，人類將難以維持建立在消耗自然資源之上的生活型態。而雇用開發中國家的廉價童工或勞工，讓他們在惡劣環境下勞動以牟取利益的行為，會讓貧困的人們永遠沒有機會脫離貧困，妨礙新興市場的誕生，最終反過來損害企業潛在的獲利機會。

而SDGs沉痛地告訴人們，若不解決諸如此類的「環境」和「人權」問題，從長期來看，人類的經濟發展將難以維持下去。

只從經濟的角度來看，或許「能賺錢的企業＝優良企業」。然而，企業用「只要消費者可以買到物美價廉的產品，即使在原料生產的過程侵犯人權或破壞環境，也跟生產者的我們沒有關係」的態度來採購原料，真的是一件好事嗎？

企業追求利益至上的結果，就如P.20介紹的地球限度理論所示，正讓地球環境逐漸逼近極限。**維持這種利益至上主義，對於企業來說，就像用繩子勒死自己般。**

● 企業犯下的各種醜聞

年	相關企業	內容
1956年	Chisso	將未經處理的工業廢水排入水俁灣，危害周邊居民的健康。該年經當地政府調查證實（水俁病）。
1960年	石原產業、中部電力、三菱油化等	從四日市煉油廠排放的大量亞硫酸氣體導致空氣污染，被控訴致使周邊居民罹患氣喘病的人數增加（四日市哮喘）。
1965年	昭和電工	將工業廢水排放到阿賀野川，危害周邊居民的健康。該年經當地政府調查證實（第2水俁病）。
1968年	三井金屬礦業	自1910年代起將礦山的廢水排入神通川下游，危害周邊居民的健康。該年被政府認定為公害（痛痛病）。
1989年	埃克森油輪	在阿拉斯加州的威廉王子灣觸礁，洩漏了大量原油，造成嚴重的環境污染（阿拉斯加港灣漏油事件）。
1996年	愛迪達、耐吉	經ILO（國際勞工組織）調查，發現在巴基斯坦錫亞爾科特生產的足球，是由約7000名童工所生產。
1997年	耐吉	被發現在印尼、越南等地的工廠有雇用童工。
2010年	鴻海	替蘋果和戴爾代工的鴻海集團中國子公司，被發現有違法的惡劣勞動環境。
2010年	BP	因BP的過失，導致挖掘海底油田的設施發生天然氣爆炸。此爆炸致使油管破裂，讓大量原油洩漏到墨西哥灣，造成史上最嚴重的海洋污染。
2015年	福斯汽車	被發現一部分的柴油引擎車種偽造排放數據，實際的有害物質排放量大幅超過管制標準。

總結	☐ 歷史上，很多企業因過度追求利益，犯下許多過錯。 ☐ 若繼續維持利益至上主義，經濟發展將難以維持。

改變人們對
企業供應鏈認知的事故

● 企業長久以來都在破壞環境、侵害人權

2013年4月24日，位於孟加拉首都達卡近郊，一座有5間服裝工廠進駐的商業大樓倒塌，造成了1134人死亡、2500人輕重傷的慘劇。調查發現，在事故發生前一天，服裝工廠的員工們就已在這棟8層樓建築的牆壁和樑柱發現龜裂。而當地警方在收到通報後也下達了撤離命令。然而，工廠的經理卻威脅廠內員工「如果不回來上班就有可能被解僱」，所以隔天許多害怕被開除的員工依然像平時一樣進去工廠上班。結果，大樓真的就倒塌了。

這起倒塌意外讓全世界的人們開始思考，經濟利益是否真的值得用這麼多人命和惡劣的勞動環境去交換。

尤其紡織產業的國際化分工程度很深，世界知名品牌UNIQLO和H&M等公司，都有在孟加拉建立生產工廠，以低成本生產高品質的商品。國際貿易因國際化而變得複雜，很多公司根本不了解自家產品是在哪裡、又是如何生產的，因此招來國際社會的猛烈批評。

因為這起事故的發生，不只是紡織業，許多行業都開始重新思考「我的商品是在哪裡、由誰生產的？」、「勞動環境是否適當？」，**深入瞭解供應鏈上游的實際情況，且認識到供應鏈下游的廠商也必須為此負起責任**。尤其是社會責任重大的跨國企業，要求其對上游到下游的問題負起責任的聲浪，正日益高漲。

◎ 供應鏈上發生的各種環境破壞和人權侵害

人權問題	環境問題
紡織業、電子產品製造代工廠的強迫勞動。	生產現場過度用水造成的水資源枯竭和自然環境破壞。
可可、咖啡、棉花等農產品生產現場的強迫勞動、非法童工。	為了製造棕櫚油而違法砍伐熱帶雨林。
農產品供應過程中對農夫的壓榨。	原物料工廠排放或洩露有毒物質造成水質污染。
以「外籍實習生問題」為代表的外國人歧視。	超過漁業資源永續性的濫捕。

身為企業，藉由建立在
犧牲上的產品、服務來獲利，
真的是正確的嗎？

總結
☐ 企業也應該留意供應鏈上游的情況。
☐ 掌握產品生產現場發生的事很重要。

「倫理消費」意識的高漲 是世界潮流

● 消費者給企業的壓力也在升高

　　在歐洲，人民對「環境」與「人權」的重視正在提高，小商店內擁有「MSC認證」或「FSC認證」等「環境倫理認證」的商品，逐漸受到注目。

　　我們購買的所有商品都是由某個人在某地生產的，但過去消費者並不關心自己使用的產品背後究竟有什麼樣的故事。然而，隨著人們認識到，自己購買的商品可能是由兒童在惡劣的勞動環境下生產，或是犧牲了瀕臨滅絕的動植物而製造出來後，消費者的心中增加了一個「不消費」此類商品的選項。

　　這種**選擇並購買重視環保和人權價值的商品或服務的行為，俗稱「倫理消費」**，這項運動近年也開始在日本普及了。這或許是對過去企業過度追求利益而忽視「環境保護」和「人權」等重要價值的反動。SDGs之所以要求企業扮演重要的角色，也是因為企業才是最該帶頭守護「環境」和「人權」的一環。

　　倫理消費是消費者最容易實踐的行動之一。只要在平常買東西時，優先選擇符合公平貿易的商品，就能為SDGs的達成出一分力。

　　而在企業界，透過銷售公益商品等方法來幫助解決社會問題的「善因行銷（Cause-related Marketing）」策略，也愈來愈流行。

● 實踐「倫理消費」可辦到的事

選擇有認證標章的商品

▶ **MSC認證**
購買保護海洋自然環境和水產資源的水產品。

▶ **FSC認證**
使用具永續管理的森林資源製造的商品（紙製品等）。

環境
關懷

選擇環保商品
購買使用回收原料，或有資源保護相關認證的商品。

選擇公益商品
積極購買會將銷售額的一部分捐贈出去的商品。

生物多樣性
關懷

社會
關懷

選擇公平貿易的商品
使用長期以公平價格向開發中國家採購原料或零件的商品。

購買受災地的產品
選購受災地的產品有助於復興當地的經濟。

地域
關懷

人權
關懷

購買在地生產的產品
藉由地產地銷，活絡地區經濟並減少運輸的能源消耗。

不使用雇用童工製造的商品
拒買生產過程中會剝削童工的商品，來抗議童工問題。

出處：根據日本消費者廳「倫理消費宣導」製作

總結
☐ 倫理消費，就是在消費時考慮對環境和社會的影響。
☐ 消費者的倫理消費意識正逐漸升高。

倫理消費市場的落後國
「日本」的現狀

◉ 時代已不容我們對世界潮流漠不關心

　　即便是在日本，具有「環保」、「有機」觀念的消費者也在增加。然而，日本民眾對「公平貿易」的關心程度依舊比不上歐美，這或許也顯示了日本的「倫理消費」觀念仍遠比歐美國家低落。

　　根據國際公平貿易標籤組織（Fairtrade International）發布的報告，2017年日本的公平貿易零售銷售額為9369萬歐元（約29億台幣），相較之下，即便在公平貿易觀念盛行的歐美國家中也名列前矛的瑞士，則高達6億3058萬歐元（約195億台幣）。若換算成每一人口的銷售額，那麼日本僅有0.74歐元（約23台幣），而瑞士則高達74.90歐元（約2千318台幣），相差約100倍。

　　在歐美，由於消費者會選擇公平貿易的商品，所以企業為了拉攏消費者，也會積極地實行公平貿易，形成正向循環。另一方面，日本則因對公平貿易的認知度低落，消費者在買東西時根本不會在意是不是公平貿易的商品，所以企業也沒有推動它們去落實公平貿易的外部壓力。

　　另一方面，隨著國內市場的萎縮和國際化的深化，愈來愈多日本企業轉向海外尋找生路。然而，若固守舊有觀念，缺乏「倫理消費」的概念，將很容易被歐美的消費者貼上「非倫理企業」的標籤。今後的時代，不能再抱持「自掃門前雪」的態度，對諸如上述的世界潮流保持敏感的重要性愈來愈高。

● 世界主要國家的公平貿易零售銷售額（2017年）

國名	公平貿易 零售銷售額 （萬歐元） ……①	總人口 （萬人） ……②	①/② （歐元／人）
瑞士	63,058	842.0	74.90
愛爾蘭	34,200	478.4	71.49
芬蘭	23,353	550.8	42.40
瑞典	39,438	1,005.8	39.21
奧地利	30,400	877.3	34.65
英國	201,366	6,580.9	30.60
丹麥	13,432	576.1	23.32
挪威	12,080	527.7	22.89
盧森堡	1,350	59.6	22.65
荷蘭	29,038	1,710.0	16.98
德國	132,935	8,252.2	16.11
比利時	14,500	1,138.2	12.74
法國	56,100	6,491.0	8.64
加拿大	29,656	3,670.8	8.08
美國※	99,412	32,312.8	3.08
義大利	13,003	6,053.7	2.15
日本	9,369	12,678.6	0.74

※只有美國的人口為2016年度。
出處：由聯合國根據「Fairtrade International Annual Reports 2017-2018」製作

總結	□ 日本人對倫理消費的觀念依然低落。 □ 不關注倫理論題，就有可能被視為「非倫理企業」。

什麼是「供應鏈」和
「價值鏈」？

> ● 重要的是關注與自家公司有關的「關係鏈」

企業在擬定SDGs政策時，必須先認識「**供應鏈**」和「**價值鏈**」這兩個名詞。

・**供應鏈**……Supply（供應）Chain（鏈）著眼於物質的流通，包含原物料和零件的輸送到生產、流通、零售，最後抵達消費者手中的所有環節。

・**價值鏈**……1985年由哈佛大學商學院的教授麥可・波特在其著作《競爭優勢（Competitive Advantage: Creating and Sustaining Superior Performance）》中提出的概念，是一種將自家公司的事業分成「主要活動（與產品、服務送達顧客手中的流程直接相關的活動）」和「支援活動（支援主要活動的活動）」，分析產品或服務的附加價值（value）是在哪一個環節產生的模型。

詳細的內容本書在此割愛不提，但不同學者和學派對這兩個名詞的解釋不盡相同。特別是價值鏈，有時這個詞被解釋為「一家企業的物質流動及其以外之部分（支援活動）的所有價值流動」；而在國際化分工程度較深的製造業，價值鏈被定義為用來分析每個階段可以產生多少價值的貿易機制——全球價值鏈（Global Value Chain）。同時，也有不少案例中，供應鏈和價值鏈幾乎是同一個意思。

無論如何，重要的是理解一間企業的事業活動與企業內外的各種要素都存在連結。**因此，在思索自家公司的SDGs政策時，不能只考慮自己的公司，還必須看到與自家公司相關的上下游夥伴。**

● 供應鏈和價值鏈

供應鏈 從採購原物料到賣給消費者，所有相關企業之間的流程。

採購　製造　運輸　販賣　消費者

目的

掌握從採購原物料到賣給消費者的整個過程中，
自家公司和供應商的事業活動。

價值鏈

產生價值的事業流程。

主要活動

採購運輸	製造	出貨運輸	營銷、販賣	服務	
基礎設施					獲利
人事、勞務管理					
技術研發					
採購					

支援活動

目的 掌握（自家或鏈上所有公司的）事業活動全貌。

總結
☐ 供應鏈是「物質」的關係鏈。
☐ 價值鏈是「價值」的關係鏈。

供應鏈潛藏著
各式各樣的問題

● 不能推託「是供應商的錯」

　　近年，權益人對供應鏈中的人權問題、環境問題的關切逐漸提高。人民開始要求企業不能只顧好自家公司和姐妹公司的直接採購對象，還必須讓整條供應鏈都落實永續性，為解決社會問題出一分力。之所以會如此，自然是因為過去企業未能看顧好供應鏈，結果造成了種種問題。

　　全球最大的食品、飲料公司雀巢，就曾遭到國際環保團體綠色和平組織的拒買運動抵制。因為供應該公司棕櫚油的印尼企業金光集團，為了開闢生產棕櫚油用的油棕種植園，在印尼的婆羅洲砍伐了大量熱帶雨林，嚴重破壞了紅毛猩猩等生物的棲地。

　　後來雀巢中止了印尼企業的採購合約，並跟國際非營利組織The Forest Trust森林協會（TFT）建立夥伴關係。雙方共同建立了「負責任的棕櫚油採購指引」，並承諾所有產品只會使用通過「棕櫚油永續發展圓桌組織（RSPO）」此一認證組織認證的棕櫚油。

　　因為這件事，全球企業認識到「如果供應商破壞環境，下游的企業也會被問責」。

　　可以說，在造成問題之前解決供應鏈上的各種潛在問題、課題，不只對SDGs有所貢獻，對企業的風險管理來說也相當重要。

● 供應鏈上可能發生的主要問題

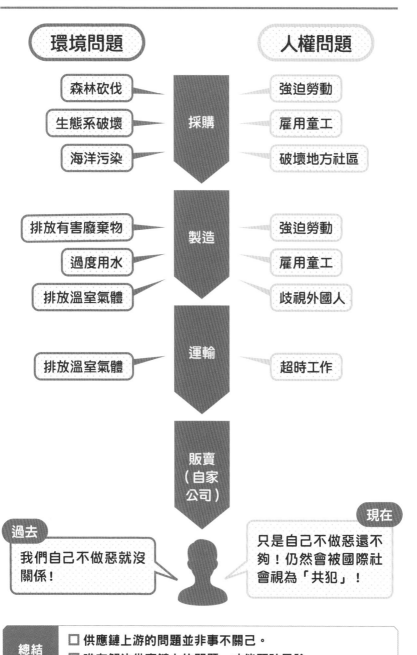

環境問題

- 森林砍伐
- 生態系破壞
- 海洋污染

人權問題

- 強迫勞動
- 雇用童工
- 破壞地方社區

採購

- 排放有害廢棄物
- 過度用水
- 排放溫室氣體

製造

- 強迫勞動
- 雇用童工
- 歧視外國人

運輸

- 排放溫室氣體

- 超時工作

販賣（自家公司）

過去
我們自己不做惡就沒關係！

現在
只是自己不做惡還不夠！仍然會被國際社會視為「共犯」！

總結
☐ 供應鏈上游的問題並非事不關己。
☐ 唯有解決供應鏈上的問題，才能預防風險。

永續性供應鏈的建構
與「風險管理」密不可分

● 不處理供應鏈上的風險就是一大風險

根據聯合國全球契約（UNGC）和顧問界巨頭安永公司（Ernst & Young）針對70家大型企業的問卷調查結果，整理而成的「永續供應鏈現狀調查（The state of sustainable supply chains）」，幾乎所有參與調查的企業都已經為供應鏈引進永續性計畫，對非故意之環境或社會性損害風險，以及它們對企業品牌評價、社會許可（SLO：Social License to Operate，企業透過貢獻社會來爭取國家和公民認同其存在意義）和公司股價的潛在影響進行風險管理。

同一份報告也詢問了投資方，對未能認識、掌握供應鏈風險之企業的投資意願，結果發現，投資人整體傾向將未能因應供應鏈風險的企業從投資名單上排除。

換言之，所有企業都應該將供應鏈上發生的環境破壞和人權侵犯，視為自己的風險。若是怠於管理這些風險，企業的評價就會下跌，並直接導致股價下跌的嚴重代價。在全球對SDGs的重視逐漸升高的浪潮下，供應鏈風險管理的必要性只增不減。在這個意義上，**建立具永續性的供應鏈對企業而言是不可或缺的**，也是維持自家事業之永續性最重要的風險管理。

● 建立永續供應鏈的原動力

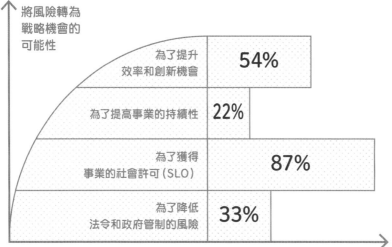

出處：UNGC、安永公司「The state of sustainable supply chains」

● 投資人對未管理供應鏈風險之企業的態度

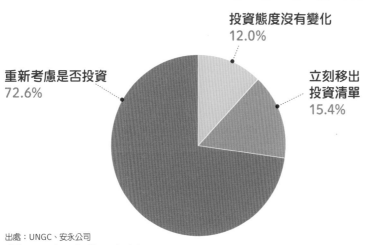

出處：UNGC、安永公司
「The state of sustainable supply chains」

總結

☐ 投資人對不管理風險的企業敬而遠之。
☐ 建立永續供應鏈正成為一項必要條件

77

與供應鏈相關的
永續性採購行動

● 大企業開始要求供應商符合永續性

2017年4月，國際標準化組織（ISO）發行了第一個關於永續採購的國際標準「**ISO20400**」。該項指引是以2010年11月發行的ISO26000（社會責任指引）為基礎，規定了問責性、透明性、人權、倫理行動等企業與組織的永續採購原則，是一份用來幫助企業推動全供應鏈永續採購的標準。

在此全球性的潮流下，許多日本企業也開始建立適用於全供應鏈的長期目標。

譬如豐田汽車早在ISO20400發行之前，便於2015年10月公布了自家公司要採取哪些行動，以在2050年實現永續社會的「豐田環境挑戰2050」。然後在2016年1月，豐田汽車又修訂針對供應商的「TOYOTA綠色採購指南」，內容包含擴充環保措施和減少產品與服務整體生命週期中的環境負擔等，加強了供應鏈整體的環境管理。當像豐田汽車這樣的大型企業改變採購標準，供應商就不得不跟進。換言之，**有利於社會和環境的「永續採購」已不只是針對跨國企業，而是所有與產品和服務的生產、供給有關的企業都必須去思考的事項**。當大企業都帶頭加速投入SDGs，中小企業也就不再有餘地主張「SDGs跟我沒關係」了。

● （參考）TOYOTA綠色採購指南概要

什麼是TOYOTA綠色採購指南？

針對所有汽車零件、資材的供應商，要求它們積極落實環保規範的「環保採購指南」。這份指南自1999年3月首次發行後，便不斷配合時代訴求進行修訂，在2019年10月本書日文版出版前，最新的版本為2016年1月修訂的版本。

《供應商的要求事項一覽表》

章		項目	採購內容	環保措施對象		
				產品和服務 *1	據點 *2	運輸 *3
1	1.1	建立環境管理系統 建立環境管理體制	全部	—	○	—
	1.2	推動全生命週期的環境管理	全部	○	○	○
2		減少溫室氣體（GHG） 減少生命週期內的GHG排放量	全部	○	○	○
3		減少對水資源環境的衝擊 減少對「水資源」和「水質」的衝擊	全部	—	○	—
4		推動資源循環 推動交付產品和據點、運輸的資源循環	全部	○	○	○
5		化學物質管理 （1）管理委託車輛、車輛用的「零件、用品、原物料」（包含包裝材）相關的化學物質（廢止、減少等）	委託車輛、零件、用品、原物料、包裝材	○	—	○
		（2）管理豐田汽車據點使用的「原物料、副資材、包裝材」等相關化學物質（廢止、減少等）	原物料、副資材、包裝材、設備、工事、清潔、造園	○	—	—
		（3）管理採購對象的事業活動產生的化學物質（廢止、減少等）	全部	—	○	—
6		建立與自然共生的社會 推動交付產品及據點的生物多樣性關懷與自然共生	全部	○	○	○

*1 所謂產品和服務，乃指交付給豐田汽車的委託車輛、零件、用品、原物料、副資材、包裝材、設備、工事、清潔、造園（運輸屬於*3）。 *2 所謂據點乃指工廠、研究所、辦公室、營運處、運輸設施等，與事業相關的場地（包含物流業者和服務提供者）。 *3 所謂運輸，乃指向豐田汽車交貨之運輸，以及由豐田汽車派出之委託運輸。

出處：豐田汽車「TOYOTA綠色採購指南」

總結
☐ 供應商配合大企業要求的必要性正在增加。
☐ 若不因應SDGs，將可能對營運造成不良影響。

從供應鏈中淘汰
消極因應SDGs的供應商

● 供應商被要求遵守行動規範

　　隨著國際化的推進，企業的供應鏈變得愈來愈長，愈來愈複雜。特別是事業橫跨多國市場的大型企業，如果沒有重要的供應夥伴（原物料或零件的提供者）的協助，就很難解決供應鏈上的問題。如同在P.78我們介紹過的豐田汽車採購指南，**大企業已逐漸開始廣泛要求所有供應商符合倫理規範。**

　　製造影印機和印表機等辦公機器的理光集團，在全球約有高達1700間的供應商，採購金額則高達每年3500億日圓（2019年3月時）。因此，理光集團將公司的基本理念整理成「理光集團供應商行動規範」，要求供應商的事業活動都必須遵守這份行動規範。一如右頁可見，這份規範的內容橫跨許多不同領域的供應商。其中，特別指定該公司採購金額最多的供應商，和供應主要機種與戰略機種之零件的供應商為「重要供應商」，要求整條供應鏈步調一致地加強落實CSR活動。

　　像這樣透過事業活動，要求供應商解決環境和人權問題的浪潮正在增強。假如不能回應重視SDGs之客戶所提出的要求，就有可能從堪稱企業生態系的供應鏈中被淘汰。而建立完善體制，以因應來自不同客戶此類訴求的必要性也在升高。

● 「理光集團供應商行動規範」（只截取項目標題）

① 站在顧客的立場提供產品
確保產品安全性／品質保證系統

② 自由競爭且公平的交易
禁止限制競爭的行為／禁止濫用優勢地位

③ 企業機密的管理
防止洩漏機密資訊、顧客資訊、第三方資訊／防止洩漏個資／防範電腦、網路上的威脅

④ 限制接待、贈送禮品酬謝等

⑤ 適當的輸出、輸入管理

⑥ 保護和運用智慧財產

⑦ 禁止參與反社會行為

⑧ 負責任的礦物採購

⑨ 保護公司資產
提前預防、發現舞弊行為／管理採購風險

⑩ 尊重地球環境
管理產品含有之化學物質／管理生產工程所用之化學物質／環境管理系統／將對環境的影響減到最小（空氣、水質、土壤等）／認證和通知／資源、能源的有效利用（3R）／減少溫室氣體的排放／減少廢棄物／公開環境保護措施的實施狀況／保護生物多樣性

⑪ 尊重基本人權
雇用的自主性／禁止非人道對待／禁止雇用童工／禁止歧視／適當的工資／勞動時間／結社自由／機械裝置的安全措施／職場安全／職場衛生／勞動災害、勞動疾病／緊急情況之因應／具生理負荷之作業的配套措施／設施安全性／員工健康管理

⑫ 實踐社會貢獻活動

⑬ 與社會相互理解
提供正確的產品、服務資訊／資訊透明

出處：理光「理光集團企業行動規範」

總結	☐ 若輕忽環境和人權，很有可能會失去客戶。 ☐ 中小企業自發性地投入SDGs的必要性正在提高。

從價值流程圖
認識自家公司的強項

● 俯瞰價值鏈，就會看到該做的事

　　不少企業都有「不知道該投入SDGs的哪個目標」的煩惱。如同在P.54說明的，我們並不需要一開始就投入SDGs的所有目標，應該基於自家公司的事業內容和理念，思考要投入那個目標。

　　而在思考時，可以參考**價值流程圖**這項工具。詳細的內容我們會在P.120介紹。總而言之，在設定SDGs優先課題時，重點是挑選對自家公司和權益人影響程度較高的課題，然後在自家公司的價值鏈上檢查相關問題。不過，光是這麼說仍不容易想像，下面我們將介紹一個實際的案例。

　　以茶泡飯聞名的永谷園公司在「環境、社會報告書2018」中，不僅公開了他們的物流，還用簡單明瞭的方式公布了該公司在「創造」、「製造」、「販賣」、「使用」的價值鏈中，是如何參與SDGs的。

　　譬如，在「營業」方面，永谷園引進了環保車輛和環保駕駛政策來降低能源消耗，以連結目標⑦「可負擔的乾淨能源」。

　　描繪自家公司的價值鏈，就會自然看見與該價值鏈相關的具體SDGs目標。如此一來，不僅能把握自家公司的風險和機會所在，也能看見對解決SDGs課題有貢獻的具體行動。這樣的行動有助於解決社會問題，應可成為很有意義的事業活動。

◉ 永谷園公開的價值鏈與SDGs的關係

		主題	策略	相關的SDGs
創造	設計	追求美味和品質、確保便利性	實現「味一筋」理念	2 終止飢餓
		健康、無過敏	成立健康食品專門部門、開發符合健康需求的商品	
		減少糧食浪費	延長保存期限	12 負責的生產與消費
		降低環境污染	減少包裝來減少製造垃圾	
	採購	環保採購	使用生物可分解塑膠作為包裝材料	12 負責的生產與消費　14 海洋生態
			使用符合永續資源利用的原料	
製造	生產	追求節約資源和能源	改善生產程序和設備、引進替代能源	6 乾淨水與衛生設施　7 可負擔的潔淨能源
		追求勞動安全	改善工作環境、實施健康檢查	8 優質工作與經濟成長　12 負責的生產與消費
販賣	運輸	降低環境污染	調整、重構運輸網路，改變運輸模式	7 可負擔的潔淨能源　13 氣候行動
	營業	減少糧食浪費	透過提高預測需求的精準度，來預防庫存不足或過多	12 負責的生產與消費
		開拓新客源	開拓新的銷售方式和銷售通路	
		追求節約能源	引進環保汽車和環保駕駛	7 可負擔的潔淨能源
使用	顧客	多方了解顧客的觀點	將顧客的聲音反映在商品的開發和改良中	―

出處：永谷園公司「環境、社會報告書2018」

總結	☐ 可以用價值鏈來俯瞰自家公司的事業活動。 ☐ 從價值鏈可看出自己能為哪些SDGs目標做出貢獻。

光靠單一企業
無法對SDGs造成巨大影響

● 結合眾人之力投入SDGs日益重要

　　一如P.80的說明，近年來以大企業為中心，制訂行動規範來當作選擇供應商及向供應商採購商品和服務時之標準的企業愈來愈多。而這其實就是藉著讓同一條供應鏈上的企業夥伴共同合作，以提高對SDGs的影響力（正面效應）的一種策略。

　　另一方面，消費者的「倫理消費」風氣日益擴大，這或許也可以視為企業與消費者的一種「合作」型態。因為企業是回應消費者的需求，才會去減少環境污染和預防原物料供應商雇用童工或強迫勞動等侵害人權的行為。

　　此外，最近十分流行**企業和組織跨越彼此隔閡，分享技術和知識來開發新技術與新產品的「開放式創新」，這也是一種對SDGs有幫助的合作方式。**

　　SDGs的目標⑰之所以是「永續發展夥伴關係」，就是因為比起多個人或多間企業共同合作，一個人或一間企業單打獨鬥，很顯然難以在2030年之前實現SDGs全部共17個目標。

　　在2019年9月，於紐約聯合國總部舉行的SDGs首屆高峰會的共同宣言中，要求各國加速行動、推動進展遲緩的消除貧窮和性別平等等項目。這些目標進展遲緩的原因之一也與企業有關，所以努力強化夥伴關係，以創造更大影響力的必要性日益提升。

● 合作可以產生更大影響力的例子

想淨化本地區的海洋

擁有淨化海水的技術

《地方政府》

《企業》

- 人力不足
- 待解決的問題堆積如山
- 沒有解決方法

- 雖有技術但缺乏知名度
- 想同時貢獻社會和賺錢！
- 自家技術沒有實驗場域！

《地方政府》　聯手　《企業》

- 由企業填補地方政府缺少的人力
- 用企業的技術解決地方政府的問題
- 地方政府幫忙宣傳成功案例，提升企業知名度

成功的合作可以進一步拓展合作圈，
化為實現目標的巨大力量！
產生直接提高企業業績的正向循環！

總結	☐ 強化同一條供應鏈上的企業間合作很重要。 ☐ 2019年9月聯合國祕書長指出，SDGs的進度已落後。

如何與跨領域的夥伴合作？

● 透過合作，以過去沒有的形式發揮力量

SDGs的實現必須仰賴所有人發揮各自的專長攜手合作，而這也使得「企業＋NGO、NPO」」、「企業＋地方政府」等過去極罕見的合作型態變得愈來愈常見。

例如，對於致力解決環境破壞等社會課題的日本國際協力NGO，長期在後方加以支援的「國際協力NGO中心（JANIC）」，便專門扮演NGO、NPO與企業、工會、政府的聯繫橋樑，以最大化NGO和NPO活動的影響力及解決社會問題作為目標。

另外，日本內閣府也設有「地方創生SDGs官民合作平台」，以促進國內實施SDGs和地方創生為目的，負責深化地方政府、企業、NGO和NPO、大學與研究機構等官民組織間的夥伴關係。

利用這些機制來建立新的夥伴關係也是一種方法，然而，在與異文化和背景不同的組織合作時，必須重視以下3點。

・建立共同目的
・互相理解
・開誠布公

在合作時注意這幾點，除了能對外展現公司積極解決社會問題的態度，也能獲得NPO、NGO和大學等組織的專業知識。

● 與新夥伴合作的步驟

① 合作目的明確化

釐清自家公司合作的目的。

▼

② 瞭解彼此的特性

在開始合作前，先認識各對象的特性和差異。

▼

③ 尋找合作對象

運用特定非營利活動法人國際協力NGO中心（JANIC）或1%俱樂部等，專門支援企業及企業人社會貢獻活動的組織，會更有效率。

▼

④ 挑選合作對象

雙方的理念和宗旨是否相容？對方是否在意行動對社會的影響？對方是否夠專業？組織經營有沒有問題？能否以平等的立場溝通？在選擇對象時須留意這些問題。

▼

⑤ 設定具體目標

包含要解決什麼問題、要實施什麼策略、可以實現什麼願景等等，設定具體的合作目標。

出處：根據NGO與企業合作推動網路「以地球規模之課題為導向的企業與NGO合作指南Ver.5」製作

⑥ 確認職務分配

明確化與合作對象的職務分工和責任範圍。

▼

⑦ 決定規模

考量財務面等問題，檢討執行上可行的合作規模。

▼

⑧ 制定時間表

設定合作時間和多久評量一次成效。

⑨ 建立人員體制

依照事業實施規模建立人員體制。

⑩ 以書面確認

用書面確認⑤～⑨決定的事項，視需要簽訂合約或建立備忘錄。

⑪ 評量、報告

決定評價和報告成果的方法，並於事業開始後定期進行評量和報告。

▼

⑫ 改良

雙方共享⑪執行的評量結果，並反饋至下一階段的計畫，致力達成目標。

| 總結 | □ 透過合作能夠對外展示自己積極解決社會問題的態度。
□ 可以藉過去沒有的合作型態獲得新的知識。 |

丹麥的環保示範小鎮「UN17 Village」

在丹麥，一個以「將SDGs所有目標轉換為實際行動」作為目標的生態小鎮（以實現永續性為目標的社區），名為「UN17 Village」的計畫正在如火如荼地進行著。一如其名，這是個以實現聯合國（UN）制定的17項永續發展為目的的建設項目，預定將在2023年於哥本哈根南部建造一座面積約3萬5000平方公尺的小鎮。

此計畫的核心概念是「自然界不存在沒有用的廢棄物」和「都市發展不一定要犧牲環境」。這座試圖從環境、社會、生物多樣性等角度實現永續性的小鎮，運用了許許多多的巧思。屋頂裝設太陽能板自不用說，除此之外，還預計要建造專門用來舉辦以永續性為主題之活動的會議中心、促進生物多樣性的屋頂庭園、讓居民們自己種植蔬菜的溫室、每年可回收150萬公升用水的雨水回收裝置，以及利用回收雨水來清洗的投幣洗衣店等等。

還有，建造城內設施所用的建材，也會使用從被一般建築公司當成廢棄物的水泥、木材、玻璃等廢材回收而成的升級再造（upcycling，意指用回收的材料製造比原始產品更高級和高價值的材料）材料，而且未來小鎮內產生的廢材也都會回收進行升級再造。不僅如此，鎮上還會建造負責加工升級再造材料的工廠，可以在當地創造工作機會。

SDGs先進國家丹麥，已經開始推動更為先進的永續都市開發策略了。

Part

4

正確運用金錢，
引導世界變得更好！

掌握SDGs
實現關鍵的
ESG投資是什麼？

理解責任投資原則（PRI）

● 鼓勵法人投資者投資ESG的PRI

2006年4月，時任聯合國祕書長的科菲・安南，對法人投資者發表了**責任投資原則**（**PRI**：**P**rinciples for **R**esponsible **I**nvestment）。

PRI呼籲法人投資者（保險公司、銀行、年金基金等受資產所有人委託管理資產的組織）在投資時，應將**環境**（**E**：Environment）、**社會**（**S**：Social）、**企業治理**（**G**：Governance）這3大因素，也就是**ESG**納入選擇投資對象的標準。

簡單來說，這項原則鼓勵投資機構不要投資以短視利益優先、濫墾濫伐的企業，以及壓榨開發中國家勞工來盈利的公司，而應優先選擇符合ESG倫理的企業作為投資對象。由於實現SDGs需要花費非常多的金錢，因此聯合國希望利用金融市場的力量來達成。

PRI雖不具法律約束力，但藉著呼籲法人投資者投資對實現永續社會有貢獻的企業，能夠使身為投資標的的企業更積極地去關懷ESG。

另外，直至2018年末，全世界已有2232個組織簽署PRI（相比前一年增加21%），其中美國有422個、英國有345個、法國有200個，前幾名皆為歐美國家。日本雖然是亞洲排名最高的，但總數仍只有68。而在這些簽署了PRI的組織中，除了日本年金積立金管理運用獨立行政法人（GPIF）外，還包括許多大型保險公司、大型投信公司，以及東京大學等學校法人。

◉ PRI的6大原則

❶ 將ESG課題納入投資分析及決策過程。

❷ 積極行使所有權，將ESG課題整合至所有權政策與實務。

❸ 要求所投資的企業適當揭露ESG資訊。

❹ 促進投資業界接受及執行PRI原則。

❺ 建立合作機制強化PRI執行效能。

❻ 報告執行PRI之活動與進度。

◉ 各國已簽署PRI的組織數

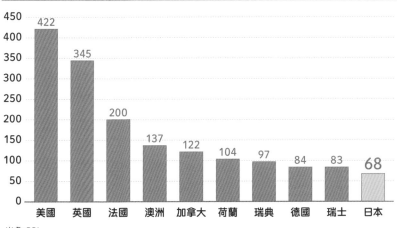

出處：PRI

總结	□ 因為PRI，ESG投資正日益受到關注。
	□ 不重視ESG的企業將被踢出投資清單。

正受全球投資人關注的「ESG投資」是什麼？

⊙ 不只財務資訊，非財務資訊也逐漸受到重視

因為PRI（P.90）的發表，金融圈開始興起ESG投資的巨大浪潮。過去，投資人在挑選投資對象時，只重視一間公司的現金流和營益率等「財務資訊」。然而，在PRI問市後，除了「財務資訊外」，「非財務資訊」也開始受到重視。

例如「E（環境）」的全球暖化對策、「S（社會）」的性別平等和童工問題、「G（企業治理）」的守規性等因素。這些**將屬於「非財務資訊」的ESG也納入考量的投資行為，就叫做「ESG投資」。**

舉例來說，你會想購買不顧慮自然環境、歧視女性，或是違反當地法令的企業生產的商品嗎？像這種劣跡斑斑的企業，未來將被消費者和其他夥伴企業排擠，最後自然而然地被市場淘汰。

另一方面，ESG評價優秀的企業，則是事業具有社會性意義，或發展具有永續性等優點的企業。這些企業在未來更可能為投資人帶來獲利，所以將成為大家積極投資的標的。

過去，上市公司在公布財報時，通常只公布以該季經營成果為中心的財務性「經營報告」。這是因為，投資人會根據「財務狀況」來判斷一間公司該季的經營情形。然而，現在愈來愈多公司開始製作並公開除了財務資訊外，也包含非財務資訊的「綜合報告」。

● ESG投資就是用「非財務資訊」來選擇投資對象

CHECK

Environment
環境

- 是否致力於減少二氧化碳排放？
- 是否致力於保護生物多樣性？
- 是否建立氣候變遷對策？
- 是否使用再生能源？
等等

CHECK

Social
社會

- 是否改善勞動環境？
- 是否關懷人權？
- 經營層是否有女性成員？
- 是否雇用童工？
等等

CHECK

Governance
企業治理

- 是否遵守當地法令？
- 是否積極公開資訊？
- 是否設有非執行董事？
- 是否能保證董事會的獨立性？
等等

除了「財務資訊」，連「非財務資訊」也納入
考量因素的投資，就是「ESG投資」！

總結	□ 重視「非財務資訊」的ESG投資正受到關注。
	□ 企業也開始積極公開「非財務資訊」。

ESG投資和
SRI（社會責任投資）的差異

● SRI和ESG投資都要考量非財務資訊

　　另一個跟ESG投資非常相似的概念是「**社會責任投資（SRI，
Socially Responsible Investment）**」。SRI又叫做「永續投
資（Sustainable Investment）」，通常會關注投資標的企業的CSR
（P.42），而不是只有經濟利益，是一種藉著將社會和環境層面的益
處納入投資考量，幫助世界變得更好的戰略性投資。在1920年代的美
國，有一種不投資武器、賭博、菸草、酒類相關企業的負面篩選投資
方法（P.100），據信是SRI的起源，因此SRI絕非什麼新概念。

　　SRI和ESG投資在考量非財務資訊這點上是相同的，因此不太
容易區分兩者的差異，但從起源即可看出，SRI的特徵是特別重視倫
理性的價值。

　　另一方面，ESG投資考慮「環境、社會、企業治理」的原因，
在於這些與長期企業價值的提升有關——從結果來說可以帶來更高的
回報。SRI給人的感覺是只有倫理意識強的人才會採用的投資原則，
而從現代的社會背景來看，ESG投資則是所有投資人都必須具備的
概念。

　　過去人們總認為「顧慮社會和環境會增加成本，犧牲經濟利
益」，但**種種研究和客觀資料都證明，ESG投資和SRI不會增加成
本，反而可以提高經濟利益。**

● ESG投資和非ESG投資的績效

MSCI EAFE Index （非ESG投資）
21個先進國市場中，市價前85%公司的股價指數。

MSCI Japan ESG Universal Index （ESG投資）
去除在人權、勞工保護、環保等方面不符合國際標準的企業，以及製造、銷售有爭議之武器的企業，由ESG評分較高的日本企業組成的股價指數。

MSCI KLD 400 Social Index （ESG投資）
SRI的代表性指數之一。由社會意識較高的前400名美國公司組成的股價指數。

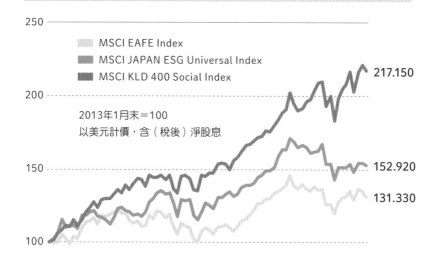

MSCI EAFE Index
MSCI JAPAN ESG Universal Index
MSCI KLD 400 Social Index

2013年1月末＝100
以美元計價，含（稅後）淨股息

217.150
152.920
131.330

1 4 7 10 | 1 4 7 10 | 1 4 7 10 | 1 4 7 10 | 1 4 7 10 | 1 4 7 10 | 1 4 7
月月月月 月月月月 月月月月 月月月月 月月月月 月月月月 月月月
2013年　2014年　2015年　2016年　2017年　2018年　2019年

出處：MSCI

總結
☐ ESG投資和SRI是關注「非財務資訊」的投資方法。
☐ ESG投資和SRI的投資績效有增長的趨勢。

全球投資餘額超過30兆美元！
極速成長的ESG投資現況

● 日本的ESG投資總額已超過2兆美元

　　根據專門統計全球ESG投資金額的國際組織GSIA（Global Sustainable Investment Alliance）做的報告「Global Sustainable Investment Review（GSIR）」，2018年全球的ESG投資總額已從2016年的22兆8900億美元（約630兆台幣）增加了約34%，來到30兆6830億美元（約844兆台幣）。

　　依照地區來看，其中，歐洲和美國佔了85%。2016年初時ESG投資佔全球投資總額約4分之1，但到了2018年初時已達到35.4%，超過了3分之1。

　　由這份資料可以看出，**企業若不跟進ESG，未來將不再受到法人投資者的青睞。**

　　而與歐美各國相比已經落於人後的日本，近幾年則開始急起直追。在2014年的時候ESG投資總額還只有70億美元（約1926億台幣），但到2018年已增加到2兆1800億美元（約60兆台幣），4年間投資額增加了300倍以上。另外，ESG投資佔總投資額的比例，也從2014年的0.2%急遽上升到2018年的18.3%。

　　詳細情況會在P.98進一步說明，其主要原因乃是2017年時，負責管理日本人年金的全球最大型法人投資者「日本年金積立金管理運用獨立行政法人（GPIF）」也開始投資ESG。

● 全球ESG投資總額的變化

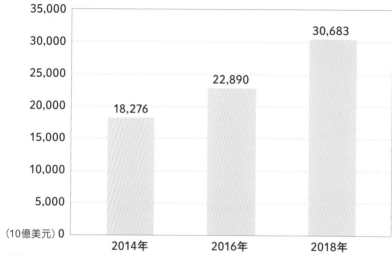

出處：GSIA「2018 Global Sustainable Investment Review」

● ESG投資總額的國家、地區比例圖（2018年）

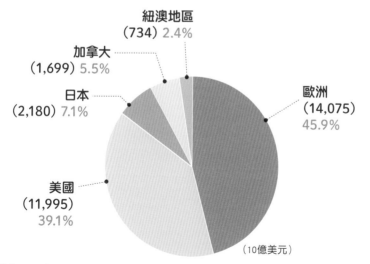

出處：GSIA「2018 Global Sustainable Investment Review」

總結	☐ ESG投資的投資總額有逐漸增加的傾向。
	☐ 與歐美相比，日本的ESG投資額很少。

全球最大的年金基金GPIF
也開始投資ESG

●GPIF已投資超過3.5兆日圓的ESG

負責管理日本公共年金的日本年金積立金管理運用獨立行政法人（GPIF），是擁有160兆6687億日圓（至2019年6月底）的全球最大型法人投資者之一。

GPIF在**2017年6月制定的「監管（以負責任的方式管理和運用他人寄放的資產）活動原則」中，要求實際管理公共年金的信託銀行或投資顧問公司等金融信託組織，都必須投資ESG企業。**以此為契機，ESG投資開始在日本普及。

2017年7月，GPIF指定並公布了3個ESG指數，開始總額約1兆日圓規模的ESG投資。後來又階段性地提高投資規模，在2019年3月底時，如右圖所示，包含5個ESG指數（ESG5指數）的投資總額已來到3兆5147億日元。

所謂的ESG指數，也就是由ESG評分優秀的企業所組成的股價指數。每個指數的重視層面不同，譬如有的重視ESG中的「E（環境）」部分，有的重視「S（社會）」中的女性平權等等，評價企業的方法各不相同。而GPIF便是藉由追蹤這個指數來投資ESG。

從上市公司的角度來看，若能被納入得到GPIF投資的ESG指數，公司的知名度就會提高，進而抬升股價。所以GPIF投資ESG，可以鼓勵上市公司積極處理環境問題、社會問題和企業治理。

● GPIF採用的5個ESG指數和投資額（2019年3月底）

指數名稱〈對象〉	指數概念	〈指數成分股〉 投資額
ESG FTSE Blossom Japan Index 〈國內股〉	● 全球具有歷史、數一數二的FTSE ESG指數系列。使用FTSE4 Good Japan Index的ESG評量方案進行評分。 ● 篩選ESG評量中絕對評分高的股票，最後依行業給予權重的中立化ESG綜合型指數。	〈152〉 6,428億日圓
ESG MSCI Japan ESG Select. Leaders Index 〈國內股〉	● 基於全球超過1000間企業使用的MSCI的ESG研究來建構，將各種ESG風險反應在市場表現內的ESG綜合型指數。 ● 由業種中ESG評分相對較高的股票組成。	〈268〉 8,043億日圓
社會（S） MSCI日本股 女性活躍指數 （俗稱「WIN」） 〈國內股〉	● 根據女性活躍推進法公布的女性雇用相關資料，從多方面計算出性別多樣性評分，從各業種中選出同項分數高的公司來組成。 ● 是此領域中第一個從多面向進行評分的指數。	〈213〉 4,746億日圓
環境（E） S&P/JPX 碳效率指數 〈國內股〉	● 根據環境評量先驅Trucost公司提供的碳排放資料，由全球最大型的獨立金融市場指數提供商標普道瓊指數公司所建立的指數。	〈1,738〉 3,878億日圓
環境（E） S&P Global 大中型股碳效率 指數（除日本） 〈國外股〉	● 對同業種內碳排效率較高（溫室氣體排放／營業額較低）之公司，以及有公布溫室氣體排放相關資訊之公司，給予較高投資權重的指數。	〈2,199〉 1兆2,052 億日圓

合計　**3兆5,147億日圓**

出處：GPIF

<table>
</table>

總結	□ GPIF的ESG投資總額超過3.5兆日圓。 □ GPIF選了5個ESG指數進行投資。

Part
4

掌握SDGs實現關鍵的ESG投資是什麼？

ESG投資的7種投資方法

● ESG投資有許多途徑

　　ESG投資是在衡量未來的事業風險和競爭力等因素後，積極活用非財務資訊，以獲得優於市場平均的報酬率為目標。**而ESG投資主要存在7種投資方法。**

①**負面篩選**……將軍武、賭博、菸草、化石燃料、核能等相關企業，從投資名單中移除的方法。

②**正面篩選**……認為對ESG態度積極的企業中長期成長機率高，投資ESG評分較高之企業的投資方法。

③**基於規範的篩選**……將未遵守ESG領域之國際規範的企業從投資名單中刪除的方法。

④**整合ESG因子**……不只分析財務資訊，也分析投資對象的非財務資訊（ESG資訊）的方法。

⑤**永續題材投資**……投資與永續性相關的題材或資產的投資方法。譬如投資綠色能源、綠色科技、永續農業等。

⑥**衝擊投資／社群投資**……投資提供解決社會、環境問題之技術或服務的企業的投資方法。而針對社會弱勢或被社會排擠之群體的投資手法，則叫「社群投資」。

⑦**企業議合與股東行動**……以股東的身分，積極地影響企業的投資方法。譬如，在股東會上行使表決權、要求公開資訊等，透過對話來迫使公司重視ESG。

◉ ESG投資中各種投資法的資產總值（比較2018與2016）

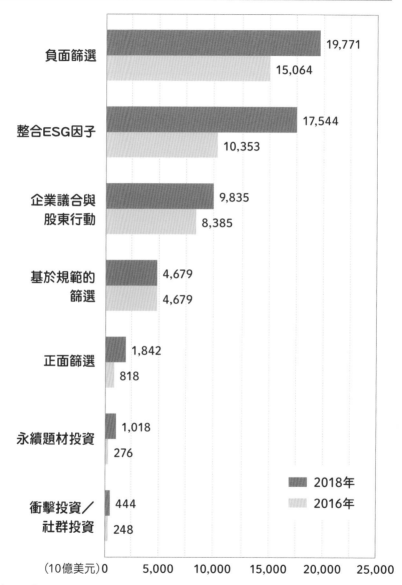

| 負面篩選 | 19,771 (2018年) / 15,064 (2016年) |

負面篩選 19,771 15,064

整合ESG因子 17,544 10,353

企業議合與股東行動 9,835 8,385

基於規範的篩選 4,679 4,679

正面篩選 1,842 818

永續題材投資 1,018 276

衝擊投資／社群投資 444 248

■ 2018年
▨ 2016年

（10億美元）0　5,000　10,000　15,000　20,000　25,000

出處：GSIA「2018 Global Sustainable Investment Review」

| 總結 | ☐ ESG投資主要有7種方法。
☐ 主流方法是負面篩選和整合ESG因子。 |

認識ESG投資的案例①
第一生命保險的例子

● 在ESG投資中扮演重要角色的法人投資者

日本的大型壽險公司——第一生命，在2018年3月日本環境省公布的「形成永續社會的金融行動原則」中，被當成最優秀範例而拿到「環境大臣賞（綜合部門）」的殊榮，是ESG投資政策受到好評的法人投資者之一。

該公司的ESG投資政策分為以獲利為前提，投資解決社會問題相關題材之資產的ESG投資，以及從體制上在投資過程中納入ESG要素的ESG投資兩類，投資範圍涵蓋全球。

譬如在2016年11月時，該公司購買了非洲開發銀行（AfDB）發行的債券「Feed Africa Bond」的全額（約52億日圓）。在預計2050年人口將達到25億的非洲，確保足夠的糧食是很重要的課題。而第一生命的投資為AfDB提供了解決這項問題所需的資金。這便是投資與SDGs目標②「終止飢餓」直接連結之永續題材的典型範例。

另外，該公司的行動中，也包含意圖兼顧投資收益和創造對社會和環境之影響（impact）的「衝擊投資」。譬如，該公司為了實現「降低在危險環境下工作導致的事故風險」這項社會性衝擊，在2018年10月對從事半機械化技術研究和開發的日本新創公司Meltin MMI投資了3億日圓。這項行動對目標⑧「優質工作與經濟成長」有所貢獻。

要達成SDGs，民間資金的運用必不可少。其中，具有雄厚財力的法人投資者更須扮演重要角色。

● 第一生命的主要ESG投資對象

投資主題		主要投資案例	
		衝擊投資	其他投資
1 消除貧窮	消滅貧窮	提供微型貸款的新創公司等	歐洲復興開發銀行「Microfinance Bond」
2 終止飢餓	消滅飢餓	—	非洲開發銀行「Feed Africa Bond」
3 良好健康與福祉	健康的生活和福祉	研發或提供醫用App的新創公司等	亞洲開發銀行「Health Bond」／土耳其針對醫院建設營運事業的項目融資／歐洲復興開發銀行「Health Bond」／Metosera公司
5 性別平等	性別平等	—	亞洲開發銀行「Gender Bond」
7 可負擔的潔淨能源	永續能源	—	日本國內之Mega-Solar※事業的項目融資／德國離岸風電的項目融資
8 優質工作與經濟成長	永續的經濟成長和完全雇用	研發半機械化技術的新創公司（Meltin MMI等）	國際金融公司「Inclusive Business Bond」／投資新興國家金融機構IFC資產管理公司的基金／卡達天然氣發電事業的項目融資／投資東協的地區特化型基金
9 工業、創新與基礎建設	基礎建設整備、創新	—	國際協力機構社會債券／非洲開發銀行「Light Up and Power Africa Bond」／福岡機場特許事業的項目融資
13 氣候行動	因應氣候變遷	開發新世代生物材料的新創公司	東京綠色債券／海外私募REIT組合型基金／鐵路運輸機構的綠色基金

出處：第一生命保險

※輸電超過1百萬瓦的發電設備。

總結	□ 在民間資金的活用面上，法人投資者扮演重要角色。
	□ 從事與SDGs相關的ESG投資的法人投資者正在增加。

認識ESG投資的案例②
ARUN的例子

◉ 用小額投資為社會提供巨大貢獻

　　ARUN是日本一個從事以同時創造經濟利益和解決社會問題為目的的「社會投資」的組織。從ESG投資的觀點來看，ARUN的投資方法屬於7種ESG投資方法（P.100）中的「衝擊投資／社群投資」，旨在發掘可提供解決社會課題或環境問題之技術或服務的初創公司。至2019年9月為止，ARUN已投資了9間亞洲的社會型企業（柬埔寨5間、印度3間、孟加拉1間），其投資原則有以下3點。

①以解決貧窮等社會或環境問題為目的，事業內容具有創新性的公司。

②除了投資標的的經濟性活動，也將其社會性影響納入評價標準，並定期報告。

③建立日本投資者和開發中國家的投資標的可互相理解、分享彼此想法的「社會性投資平台」。

　　他們的投資標的之一，是印度經營家政婦仲介事業的初創公司「Bookmybai」。這間公司已為1萬3000人媒合工作，該公司的仲介事業，幫助了許多住在農村或都市貧民窟的弱勢女性獲得工作機會。不僅如此，他們還提供簽約時的客戶支援，並設置24小時全天無休的電話客服，改善了勞動環境並減少勞資糾紛，幫助女性實現經濟自主。就結果來說，為目標①、目標⑤、目標⑧的達成提供了助力。

● ARUN投資的開發中國家企業

柬埔寨

Lighting Engineering & Solutions

【公司簡介】
向電氣化比率特別低的農村地區居民，販賣可提供環保能源的太陽能板。透過雇用當地居民從事銷售和維護工作等方式，致力於改善環境問題和勞動問題。

Sahakreas CEDAC

【公司簡介】
幫助10萬戶小型農家，販賣用生態農業技術栽種的有機米和蜂蜜。透過出資，幫助農家改善生活水準和保護環境。

孟加拉

Drinkwell

【公司簡介】
去除地下水中的砷元素等有毒物質，研發、販賣開發中國家也有能力維護的淨水材料和系統。對確保安全飲水和降低健康危害有所貢獻。

印度

iKure Techsoft

【公司簡介】
藉由IT技術，為沒有醫生的地區提供廉價的一次性醫療服務。投資該公司不僅可以提供許多人醫療服務，還能創造醫療從業者的成長機會。

Stellapps

【公司簡介】
藉由提供運用物聯網技術的酪農業設備，提升生產力和供應鏈的效率和透明度，幫助改善小農家的生活水準。

Bookmybai

【公司簡介】
藉由在網路上提供登記和雇用家政婦的服務，為住在農村和都市貧民窟的弱勢女性提供工作機會，幫助女性實現經濟自主。

總結	☐ 即使是小額投資，也能靠ESG投資讓世界變得更好。
	☐ 投資ESG，可以為SDGs出一分力。

Part 4

掌握SDGs實現關鍵的ESG投資是什麼？

ESG投資的成長
為許多領域帶來正向循環

◉ ESG投資具有改變未來的力量

在安南公司前祕書長提出PRI（P.90）後，以關懷環境、社會、企業治理為宗旨的ESG投資開始在全球傳播，但投資終究是為了獲得回報，所以ESG投資必須要為投資者帶來利潤。

此時，自然就有人質疑，法人投資ESG真的有好處嗎？

當流入ESG投資的資金增加，企業為了從投資人那裡拿到資金，也必須提高自己在ESG項目的評分。而企業的ESG政策變得健全，亦可以提高公司的長期價值、使股價上升，最後讓法人投資者得到回報。實際上，ESG評分高的企業相較於評分低的企業，投資績效也的確更好，這點我們在P.94也實際介紹過。

同時，**企業關懷ESG有助於保護環境和人權，可以推動世界往更好的方向發展，平民百姓也能享受到這份恩惠，換言之，與SDGs的達成直接相關。**

此外，我們還可以從另一個角度來看這件事。GPIF已開始投資ESG，而GPIF的投資績效提高，將有助於讓日本人普遍擔憂的年金財政變得更健全。企業積極投入ESG，亦可提升自己在國際的評價，或許可以提高普遍被投資人認為不具成長性的日本股票的吸引力。

由此可見，ESG投資可對環境、社會、經濟帶來各式各樣的正向循環。

● ESG投資增加帶來的正向循環

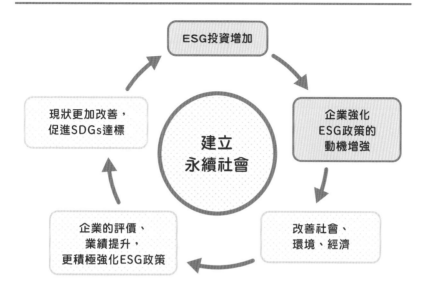

● ESG投資增加為日本年金帶來的正向循環

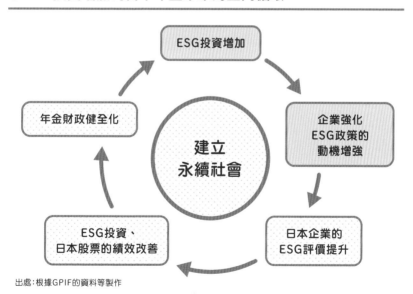

出處：根據GPIF的資料等製作

總結	☐ ESG投資是改變企業觀念的起點。
	☐ ESG投資不只能為投資者，也能為市井小民帶來好處。

法國引進的「國際連帶稅」是什麼？

　　所謂的「國際連帶稅」，是一個透過國際社會的攜手合作，確保資金來因應貧窮、傳染病、氣候變遷、金融危機等地球上各種問題和挑戰的機制。

　　為實現在2000年前使貧窮人口減半等8個目標的MDGs（P.16），至少需要每年500億美元的資金。其財源主要來自先進國家的政府開發援助（ODA）等來源，但幾乎看不到可籌措到所需金額的希望。而且，雷曼兄弟破產引發的金融海嘯造成全球規模的財政危機，使各國的財政更加捉襟見肘，無法繼續為ODA提供資金。

　　因此，這次各國希望藉由跨國課稅的國際連帶稅機制，穩定地提供用於解決全球性問題的資金。

　　全球最先引進國際連帶稅的國家是法國。法國在2006年引進「航空國際連帶稅」。航空國際連帶稅會對從實施國出境的班機課稅，以經濟艙為例，每個機位大約會被課徵相當於數百日圓的稅金。譬如日本人從法國搭機返國，就需要支付航空連帶稅。現在越南、布吉納法索等非洲國家、韓國、智利等十幾個國家皆已引進相同的稅制。

　　航空連帶稅的稅金，部分或全部會捐給UNITAID（國際藥品採購機制），用來採購用於治療開發中國家的愛滋病、結核病、瘧疾等3大傳染病的藥物和醫療用品。

Part

5

將SDGs妥善融入
經營策略的方法論

企業該如何
連接經營和
SDGs？

SDGs的「回溯分析」思維

⊙ 從理想的未來回推，做現在該做的事！

多數人都認為「未來就是從現在延伸出去的一點」。比如在學生時代，你是不是也曾經有過「只要努力念書考上好大學，以後就能找到一份好工作」這樣的想法呢？這種思維方式就叫做「**正向預測（forecasting）**」，也就是把你相信的「落在現在的延長線上的未來」當成「將來目標」的思考邏輯。可以理解為一邊改善現狀，一邊往目標靠近的方法。

然而，SDGs則是要求我們採用另外一種叫做「**反向預測（backcasting）**」的途徑。SDGs是全球必須在2030年之前達成的目標，要達成這個明確的目標，就必須從未來應有的樣貌（＝SDGs達成後的世界）回頭推算，去思考現在該做什麼並付諸行動。

當目標不夠明確時，人們就只能用正向預測的方式去思考；但已存在具體目標的SDGs，則可以用反向預測的方式思考。

MDGs（P.16）留下許多未達成的課題，若我們要保護好自己賴以生存的星球，就一定得達成SDGs。想在2030年之前，實現所有包羅各種困難問題和挑戰的SDGs目標，用反推的方式計算，會發現有很大的機率來不及實現。

我們需要的不是根據現在做得到的事去著手，而是從最終要達成的目標去反思現在該做什麼，並運用打破傳統的破壞式創新去尋找解決之道。

● 反向預測和正向預測

反向預測		正向預測
將來 （未來應有的樣貌）	起點	**現在** （從現在延伸出去的未來）
●不以現有的能力，而是以應有的能力為基礎來思考。 ●不考慮過去的經驗，以零基礎去思考。 ●不考慮未來的不確定性。	思考方式	●根據現在的能力和社會狀況來思考未來的目標。 ●根據過去的經驗來思考。 ●思考時考慮未來可能發生的事。
●以將來要實現的目標為起點，不考慮為什麼做不到，只考慮為什麼做得到，更容易產生破壞式創新。 ●即使發生預料外的狀況，也能因應改變。	特徵	●根據現在可預測的事情去思考，不容易產生破壞式創新。 ●因為只預想較有可能發生的未來，不易產生超越預想的結果。 ●發生預料外的狀況時，難以應對改變。

總結

☐ 從現在做得到的事去思考的思維，難以達成SDGs。
☐ 用反向預測來思考現在該做什麼，才能達成目標。

不要用「由內而外」
而要用「由外而內」的方式思考

● 從全球性、社會性的視角來思考「需要什麼」

舉例來說，假設你之前告訴對方一件事情，但對方事後卻表示「你沒有跟我說過」，這種時候你會怎麼做呢？

讓我們假設 A 的反應是「我明明就有說過這件事，所以是沒理解的對方有問題」，而 B 的反應是「可能是我的表達方式不好。下次換個更容易被理解的表達方法吧」。

A 這種以自我為中心的思考方式，就叫「由內而外（inside-out）的思維」，而 B 這種從對方的角度思考應該怎麼做才能達成目的的思考方式，則叫做「由外而內（outside-in）的思維」。

由於 SDGs 要解決的問題都非常複雜，需要宗教和人種等背景各不相同的人們共同向著同一目標採取行動。此時若用由內而外的思考方式，只站在自己的角度發聲，將會加深彼此的對立。所以我們應該用由外而內的方式，了解國際和社會的需求後採取行動。

舉例來說，在思考社會和環境問題時，要想的不是自家公司的事業會如何影響社會或環境（由內而外），而應思考要解決某個社會或環境問題，自己該採取什麼樣的行動（由外而內）。

若要發揮自家公司的長處，由內而外的思考方式的確是有必要的。然而，若缺少基於國際和社會需求來達成目標的「由外而內的思維」，SDGs 就永遠不可能達成。

● 由內而外的思維和由外而內的思維

由內而外的思維

在思考如何解決一個問題或課題時，以自身為起點思考「如何在不用改變自己的情況下解決外部問題或課題」。屬於只在現在的延長線上思考未來的思考途徑。

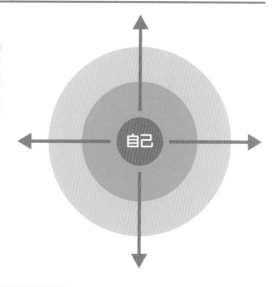

由外而內的思維

以「自身以外的問題或課題」為起點思考解決方法的思考途徑。會一邊思考如何才能解決問題或課題，一邊消除現狀和目標之間的障礙。屬於從問題和課題已得到解決的未來，回頭審視現在該怎麼做的思考途徑。

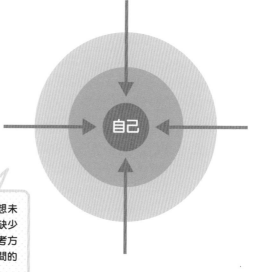

SDGs是全球各國對於人類理想未來前所未有的政治共識，如果缺少以目標為起點的由外而內的思考方式，就無法消除現實和目標之間的障礙！

總結	☐ 「由內而外」的思維無法充分處理全球性問題。 ☐ 缺少「由外而內」的思維就無法達成SDGs。

整合SDGs和企業經營策略的「SDG Compass」

● 全球企業都在使用的工具「SDG Compass」

　　SDGs需要民間企業共同採取行動。然而，因為SDGs涉及的內容相當複雜，不少企業都有「不知道該從何做起」的煩惱。因此，以聯合國全球盟約組織為首的3個組織，共同開發了一個名為「**SDG Compass**」的工具，來幫助企業解決這個煩惱。SDG Compass是一份指引，列出了5個步驟、告訴企業要如何將SDGs整合至經營戰略中，並評量自己對SDGs的貢獻，以及如何進行管理。

　　步驟1　理解SDGs……首先，讓公司內部理解SDGs的各項目標和細項目標，同時蒐集資訊認識國際動向。

　　步驟2　決定優先課題……透過整條價值鏈掌握事業活動中與SDGs相關，或是可能與SDGs有關的正面和負面影響，篩選出SDGs中較優先的課題。

　　步驟3　設定目標……設定目標，思考具體的行動。SDG Compass建議各企業確實說明自己想實現的影響。

　　步驟4　整合至企業經營……將SDGs政策以能夠持續下去的方式融入事業整體。

　　步驟5　報告和溝通……決定目標和經營方針後，向外部進行報告和溝通。與其他相關者共同合作乃是一大重點。

　　然後，重複上述的步驟2到步驟5，持續改善和更新企業活動。

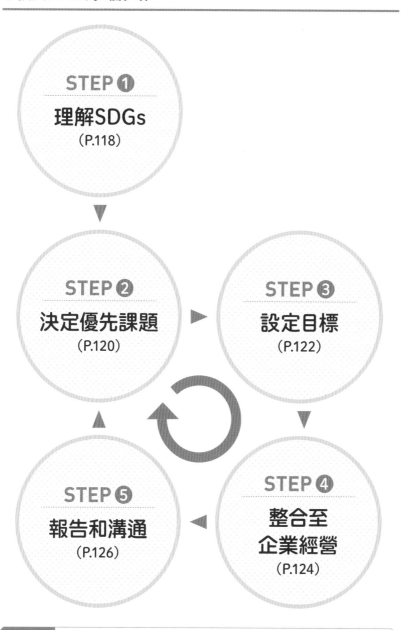

總結	□ SDG Compass是企業將SDGs融入經營戰略的指引。 □ SDG Compass包含5個步驟。

日本企業的SDG Compass
進度如何？

● 日本企業的SDGs滲透度仍不算高

　　一般社團法人聯合國全球盟約日本（GCNJ）與公益財團法人地球環境戰略研究機關（IGES）進行的日本企業投入現狀調查問卷「2018年版 成為主流的SDGs和商業～日本企業、組織的投入現況～」，針對營業規模超過1000億日圓的大企業調查了各公司的SDGs投入狀況。其中一項問題是「使用哪種SDGs相關工具」，而有67%的公司回答「SDG Compass」。由此可看出，SDG Compass已逐漸成為企業投入SDGs的指南針。

　　在這份調查中，也詢問了受訪公司在2016年到2018年間「進展到SDG Compass 5階段中的哪一個階段」。

　　階段1的「理解SDGs」部分，數據從2016年的54%減少到2018年的31%，而階段2之後的總和則從2016年的46%增加到2018年的69%。可見多數企業已脫離理解階段，進入實施階段。然而，**在所有日本企業中，表示已進展到SDG Compass第5階段的企業和組織僅有12%。**

　　一如在P.48曾提到的，目前關心SDGs的中小企業仍然十分稀少，所以從日本的全體企業來看， SDGs與企業經營仍沒有建立連結。但反過來看，日本企業仍存在很多可透過積極投入SDGs來開拓商機的可能性。

● SDG Compass的使用情形和進展程度

Q 使用哪種SDGs相關工具？(複選)

	2016年	2017年	2018年
SDG Compass	78%	63%	67%
SDGs Industry Matrix	42%	31%	29%
Poverty Footprint	7%	1%	1%
GRI指引	—	47%	52%
PwC Navigating the SDGs	—	6%	4%
GCNJ提供的資料（含web）	—	53%	36%
日本經濟團體聯合會行動憲章實行入門（第7版）	—	—	32%
日本經濟團體聯合會SDGs特設網站	—	—	22%
其他	3%	13%	18%

出處：GCNJ、IGES「成為主流的SDGs和商業～日本企業、組織的投入現況～」

Q 貴公司或組織現處於「SDG Compass」 所定義的哪個階段？

	2016年	2017年	2018年
STEP.1 「理解SDGs」	54%	43%	31%
STEP.2 「決定優先課題」	22%	28%	28%
STEP.3 「設定目標」	11%	13%	17%
STEP.4 「整合至企業經營」	9%	8%	12%
STEP.5 「報告和溝通」	4%	8%	12%

出處：GCNJ、IGES「成為主流的SDGs和商業～日本企業、組織的投入現況～」

總結	☐ SDG Compass已被許多企業使用。 ☐ 進展到階段5的企業很少。

SDG Compass的【第一步】
理解SDGs

● 若不理解SDGs，就無法轉換成行動

　　由聯合國193個成員國表決通過的「改變我們的世界：2030年永續發展議程」第67條，提及了民間企業角色的重要性，並寫道：

　　「我們承認私營部門的多樣性，從微型企業到合作社再到跨國公司。我們呼籲所有企業運用他們的創造力和創新來解決永續發展的挑戰。」

　　SDGs的一大特徵，是呼籲全球的企業通過投資、事業活動來推動SDGs，減少企業造成的負面影響。因為全球企業的活動大大左右了SDGs的成敗。所以，SDG Compass的第一步要求企業要從本質上理解「什麼是SDGs」。

　　Part1和Part2也有提及的SDGs各大目標和細向目標自不用說，還要認識制定這些目標的原因，並思考自家公司的生意與這些目標和細項目標有何關聯。在SDG Compass中，列出了企業利用SDGs的5個好處。

①可發現未來的商業機會
②可提升企業的永續價值
③可強化企業與權益人間的關係，讓新政策順利推展
④使社會和市場更穩定
⑤共享相同的語言和目的

● SDG Compass列出企業採納SDGs的5個好處

①可發現未來的商業機會

● 節能、再生能源等可促進永續運輸的革新性技術
● 運用資訊通信技術（ICT）與其他技術、減少碳排量和廢棄物的產品
● 提供可改善窮人生活的產品和服務，來填補未開發市場的需求

②可提升企業的永續價值

● 企業若具備環保和人權意識，更容易吸引擁有相同觀念的年輕人才
● 可提升員工的工作意願、合作性及生產力
● 現在，購買商品時會把企業的政策納入考量的消費者愈來愈多

③可強化企業與權益人間的關係，讓新政策順利推展

● 強化與權益人間的信任關係
● 增加營運事業的社會容忍度
● 降低法律風險、商譽風險（負面評價擴散造成的經營風險）等
● 建立應對能力，以因應未來法律制度修改時可能導致的成本上漲或管制

④使社會和市場更穩定

● 透過幫助全球幾十億窮人來擴大市場
● 透過強化教育來培育具熟練度和忠誠度的員工
● 透過消除性別歧視和提升女性地位來創造新的成長市場
● 在地球可承受範圍內利用資源，以確保生產所需之天然資源的永續性
● 促進開放的貿易和金融系統，可降低事業活動的成本和風險

⑤共享相同的語言和目的

● 通過SDGs這個共同目標，可實現與其他企業或政府、公民社會團體等組織的合作

總結	□ SDGs可成為企業經營和投資的正面助力。 □ 企業利用SDGs有很多好處。

SDG Compass的【第二步】決定優先課題

◉ 用3個步驟篩選出自家公司的優先課題

　　SDGs一共有17項目標，但這17項目標並非對所有企業都一樣重要。每間企業的事業內容不同，對各項目標的可貢獻度也不一樣。

　　因此，**SDG Compass建議企業透過整條價值鏈，找出企業的事業活動對SDGs的正面和負面影響，然後據此篩選出優先課題。**

　　具體而言，可以分成以下3個階段來思考。

①**畫出價值流程圖，找出有影響力的領域**

②**選擇指標，蒐集資料**

③**決定優先課題**

　　首先，運用Part3介紹的價值流程圖，篩選出自家公司對SDGs最大的社會和環境影響，掌握影響力大的領域後，檢討應將資源集中在哪個目標上。

　　接著，設定一個以上最適合用來表現事業活動對SDGs之影響的指標，運用邏輯模型等工具決定應蒐集哪些資料，掌握達成度。

　　掌握未來的影響後，就要決定以SDGs的哪個目標為優先課題。此時要檢討現在及未來的影響、這些影響對主要權益人的重要性，提高資源效率帶來的競爭力強化機會，以及負面影響帶來的風險和成本等可能性，最後**主觀地下決策**。

● 紡織公司的價值流程圖範例

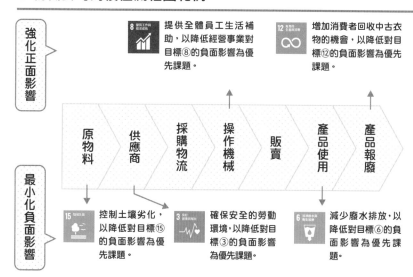

出處：參考GRI、UNGC「將永續發展目標納入企業報告：實用指南」製作

● 利用邏輯模型思考應蒐集哪些資料

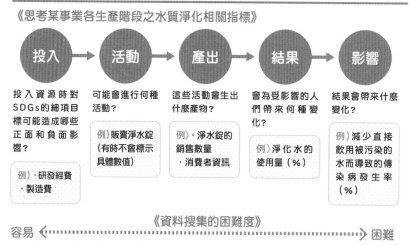

出處：參考GRI、UNGC「將永續發展目標納入企業報告：實用指南」製作

總結	☐ 從自家公司的價值鏈找出與SDGs相關之處。 ☐ 看見自家公司事業活動的正面和負面影響。

SDG Compass的【第三步】
設定目標

⦿ 由外而內設定可激發熱情的目標

在階段3，建議運用4個流程來設定目標。**對優先課題有貢獻的目標，除了最小化負面影響，最大化正面影響也很重要。**

①設定目標範圍，選擇KPI

針對各個優先課題，選擇數個可簡單明瞭計算出影響度的KPI（關鍵績效指標）。除了碳排量和資源使用量等環保目標外，最好也設定社會性的目標。考慮到企業之間的資料共享和比較，以及對內和對外分享資訊的方便性，最好使用大家普遍在用的指標。

②設定基準線，選擇目標類型

設定基準線，譬如「在2020年結束前，使董事會的女性人數較2013年末（基準線）增加40%」。與此同時，也要決定目標類型是要用「絕對目標」還是「相對目標」。

③設定慾望值

在由外而內（P.112）的思維中，如何設定一個能激發熱情的目標很重要。因為比起容易達成的目標，讓人無法一眼看出要如何實現、充滿挑戰性的目標更容易激發創造性和創新，取得更大的成果。

④公開對SDGs的承諾

公開一部分或全部的目標，也是一種有效的資訊發送手段。透過這種方式，可以激發員工和客戶的鬥志，或與外部權益人展開有建設性的對話。

● 日本企業設定目標和公開承諾的例子

豐田汽車（節自「Sustainability Data Book 2018」）

 降低交通事故傷亡

- 搭載組合多種安全預防功能的「Toyota Safety Sense」以減輕傷亡。

 因應氣候變遷

- 以2030年電動車銷量突破550萬台（EV、FCV超過100萬台）為目標，加速開發。

日立製作所（節自「日立SDGs報告」）

 減少二氧化碳排放量（相較於2010年度）

- 2030年：減少50%
- 2050年：減少80%

 與顧客和合作夥伴協創

- 為提升大眾的生活品質和永續社會之發展貢獻，透過與政府、公家機關、民間企業等組織的合作，共同解決問題、交換意見，為社會創造新的價值。

日本郵政集團（節自「日本郵政集團中期經營計畫2020」）

 女性管理者比例

【2020年目標】
- 日本郵政：11%以上
- 日本郵便：10%以上
- 郵局銀行：14%以上
- 簡保生命保險：14%以上

 公正的事業營運

【2020年目標】
- 零組織內犯罪
- 持續攔阻與反社會勢力的關聯

出處：各公司資料

 總結

☐ 要同時思考如何最小化負面影響和最大化正面影響。
☐ 設定可激發熱情的目標以取得重大成果。

SDG Compass的【第四步】
整合至企業經營

● 讓SDGs深植於組織，推動全公司性的政策

設定完目標後，接下來的重點是擬定達成目標的策略，並將之融入自家公司的事業營運中。為此，**以公司領導人為首的經營幹部必須積極發揮領導力，推動組織改革**，而董事會可以用SDGs當成聘僱經營幹部或制定薪酬的標準來實現這點，扮演重要的角色。

要讓SDGs在組織內生根，以下2個原則尤其重要。

· 明確告訴公司上下為何要將SDGs融入事業，在公司內部塑造SDGs可為企業創造價值的共同認識。

· 設定可反映部門或個人具體角色的特別報酬等，將SDGs融入全公司達成度的審查或獎勵體系。

在落實SDGs政策時，雖然負責執行CSR等價值的部門也很重要，但更重要的是塑造公司內所有部門的理解，並養成大家主動落實的企業文化，培植所有部門的當事者意識。

譬如，與供應商相關的目標對負責管理供應鏈的部門很重要，而對人事部門則沒有那麼重要，每件事對不同部門的重要性各不相同。即便如此，設立跨部門的委員會，使所有部門都為全公司共同的目標一起努力、養成當事人意識，將決定SDGs政策的成敗。

同時，單一公司的力量十分有限，所以讓思維跳脫傳統，使公司外部的夥伴也積極投入十分重要。若能設定共同目標、發揮各自的核心能力，加速向目標衝刺是最好的。

● 將永續發展目標融入組織的案例

2019年企業經營課題

KPI：為SDGs的目標12做出貢獻

▶ 階段性減少產品中的有害化學物質，在2023年之前清零。
▶ 在2019年之前找出所有有害化學物質，
在可能的範圍內停止使用，尋找替代物質。

※此處的有害化學物質包含已被國內外專家建議禁止，
但法律上尚未禁止之物質。

依各部門的權限委任項目

 《部門管理課題》

研究開發部門

知道產品用了哪些原料後，
在2019年之前尋找有害化學物質的
替代物質。

 《部門管理課題》

供應鏈管理部門

找出所有採購之產品、零件
用到的有害化學物質，在可能的範圍內，
於2019年前禁止所有使用。

依負責人的權限委任項目

《個別細項目標》

研發技術人員

針對負責之產品、零件
已知使用的有害化學物質，
在2019年前尋找替代物質。

《個別細項目標》

採購零件的負責人

針對所有採購品，
在2019年之前徹底執行
有害化學物質相關的採購方針。

出處：參考GRI、UNGC、wbcsd「SDG Compass」製作

總結	□ 缺少管理層的積極參與，就無法推動。
	□ 不要公司內自己埋頭思考，與外部合作也很重要。

SDG Compass的【第五步】
報告和溝通

● 有效利用內外部的報告推動政策

　　要達成SDGs，對公司內外報告進度很重要。近年來除了綜合報告書外，許多企業開始利用自家公司的官網、社群網站、產品或服務的標示等方法，向外部公開自家公司的SDGs相關戰略和達成進度。

　　因為**有效的資訊公開可以提高企業透明度，建立與各方權益人之間的信任。**同時，對外部的權益人報告近況，來自外界的觀察將形成壓力，增加公司內「交出漂亮成績單」的動機。而這可以促進創新、改善SDGs政策、催生有助於達成SDGs的產品或服務。而讓大家知道自家公司關懷ESG，也能吸引更多人投資。

　　另一方面，對公司內部報告自家的戰略和進度也同樣重要。因為這麼做不僅能提高員工的意識，向經營團隊和董事會報告，也十分有助於經營資源的分配和將SDGs戰略融入自家公司的商業模型。

　　把對內、外部的「報告」當作一種溝通手段，可以提高人們對SDGs的關心度、增強動機、促進創新，進而強化SDGs和企業經營之間的連結。

　　而有效的報告須謹記「4C」，也就是「**簡潔（Concise）**」、「**一致（Consistent）**」、「**現在（Current）**」和「**可比較性（Comparable）**」。

● 落實有效報告的「4C」

簡潔 **C**oncise

把焦點放在高優度政策最重要的資訊，避免在報告中放入雜亂或過多的資訊。

一致 **C**onsistent

做出在一段時間後可以評價績效的報告十分重要。否則將無法理解報告資料中可獲得的本質意義，應用在管理中。

現在 **C**urrent

報告不要只是展示過去的歷史，而應讓人對現在的事業、影響、可能商機有所啟發，否則沒有意義。

可比較性 **C**omparable

讓報告可跟同業比較並評量績效。這麼做才能追蹤、評價企業的影響，並進行決策、改善績效。

出處：根據GRI、UNGC「將永續發展目標納入企業報告：實用指南」製作

● 報告中應提及的7個項目

☑ 自家產品、服務、投資對人或環境帶來的顯著影響。

☑ 分析該影響後，對於應優先選擇哪個SDGs
細項目標有何結論？

☑ 與權益人間的關係，
對具優先性之SDGs細項目標的決定有何影響？

☑ 制定了何種包含目標和指標的戰略，
以對具優先性之SDGs細項目標有所貢獻？

☑ 自家公司實際產生的負面影響案例，
以及對那些人權受到侵害的人們所採取的行動。

☑ 以對具優先性之SDGs細項目標有所貢獻為目標，
可顯示自家公司進展情況的指標和資料。

☑ 未來的發展計畫。

出處：根據GRI、UNGC「將永續發展目標納入企業報告：實用指南」製作

總結	□ 向外部發布資訊，可建立更良好的關係。 □ 向內部進行報告，可強化企業經營和SDGs的連結。

領導階層的積極參與
是促進創新的關鍵

● 如何促使經營領導階層參與，愈發重要！

　　一間企業要快速推動一項措施，領導階層的參與十分重要，相信
這點沒有人有異議。如果自己就是領導階層的話，自當發揮領導力、
身體力行投入SDGs；但若自家公司的領導階層對SDGs興趣缺缺，
那麼由下屬向上面傳達投入SDGs的必要性就很重要。

　　譬如，**即便自家公司內部存在一個非常適合解決某個環境或社會
問題的營運點子，只要經營者不同意的話就不可能推動並發展成事
業。**換言之，現代企業的經營者必須具備「洞察存在可能性之新挑戰
的眼力」、「從長遠角度來思考商業的視野」和「提攜新事業的領導
力」。

　　由一般社團法人Japan Innovation Network（JIN）和日本經
濟產業省等組織共同設立，由大企業經營者組成的「創新100委員
會」，為了推翻「大企業不可能存在創新」的說法，提出了將決策和
評量制度切離公司本體，建立一個在物理空間上也遠離公司的「離
島」，投入人才和資金以促進創新的方法。同時，在JIN制訂的促進
創新行動指南中，也指出了同時追求「效率性」和「創造性」這兩個
不同價值的「雙層經營」的必要性。

　　若要將SDGs融入企業經營，更進一步推動相關政策，**經營者也
必須具備跳脫傳統限制的思維。**

● 給企業經營者的5個促進創新行動方針

① 看清變化,發表具革新性的視野,並且執行

② 實現兼顧效率性和創造性的雙層經營

③ 建立以價值為起點來創造事業的機制

④ 營造員工可盡情嘗試和犯錯的環境

⑤ 跨越組織內外的壁壘,推動合作

出處:創新100委員會報告

● 建立遠離企業本體的「離島」,促進創新

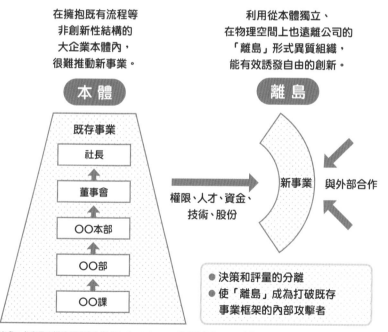

在擁抱既有流程等
非創新性結構的
大企業本體內,
很難推動新事業。

利用從本體獨立、
在物理空間上也遠離公司的
「離島」形式異質組織,
能有效誘發自由的創新。

本 體

離 島

既存事業

社長

董事會

〇〇本部

〇〇部

〇〇課

權限、人才、資金、
技術、股份

新事業　與外部合作

● 決策和評量的分離
● 使「離島」成為打破既存
　事業框架的內部攻擊者

出處:參考日本經濟團體連合會「Society5.0──一起想像未來──」製作

總結	□ 要推展SDGs,領導階層的參與很重要。 □ 可催生創新的組織變革也是必要的。

用迦納可可豆製造的巧克力和「童工問題」

日本近幾年也開始使用「公平貿易」這個詞，而只要這個詞仍未消失，就意味著這世上的某個角落仍存在「不公平」的貿易。

而這種不公平貿易的代表例子之一，就是以雇用童工生產的可可豆為原料來製作的巧克力。

即使遠在日本，聽到「迦納」這個國家，或許也有不少人會第一時間聯想到「巧克力」。但在知道巧克力的製作原料可可豆，其實是靠為了養家活口而出來工作的貧困學齡兒童在採收後，相信大家的心情都會變得十分複雜。儘管這些兒童們每天都在採收巧克力原料可可豆，但他們絕大多數這輩子都沒吃過巧克力。

根據國際勞工組織（ILO）的報告，推估2016年全球仍有約1億5200萬名童工（5～17歲，相當於每10個小孩就有1人）。其中，約半數集中在非洲地區，而迦納的可可農場就是最具代表性的童工勞動現場。

「小孩子工作」並不等於「童工」。所謂的「童工」，是指強迫幼童進行勞動，或是強迫兒童從事有礙身心，或在社會面、教育面上阻礙發展的危險勞動。

現在全球仍有超過日本總人口的眾多童工現象，而且我們無法改變這個事實。不過，我們可以在吃巧克力時，去想像它們的原料或許有可能是由非法童工採收的，並透過購買有公平貿易認證的商品等行動來表達我們的態度。

Part

6

看見自家公司
該如何投入SDGs！

效仿成功兼顧
獲利和SDGs的企業
是如何實踐的

案例① 日本食品生態中心
建構循環型社會的機制

● 因廢棄物處理和生產飼料的混合模型而受注目

日本食品生態中心本著「為剩餘食品創造新價值」的理念，回收關東近郊超過180個商家的剩餘食物（餐飲店和超市等商店吃剩、賣剩和過期的食品等），用來製造養豬用的液態環保飼料（利用食物殘渣製造的液體飼料），並賣給關東地區的中小型畜牧農家。由於環保飼料的價格只有普通乾燥飼料的一半左右，因此不僅有助於強化長期仰賴進口飼料的畜產農家的經營體質，也能提升日本飼料的自給率。

另外，該公司透過與簽約的養豬業者和食品業者的夥伴關係，確保用環保飼料養育的豬肉之品牌化和銷路，在百貨公司和超市以「優豚」和「旨香豚」等品牌名稱銷售，建立可循環的商業模式。

日本每年約有2759萬公噸（2016年的推測值）的廢棄物來自食品，而地方政府得花費每公噸4萬日圓的成本來燃燒處理這些廢棄物。另一方面，全球每9個人就有1個人受飢餓所苦，先進國家卻把能被人類食用的玉米拿去餵養家畜，而且還浪費、丟棄由這些飼料養大的家畜食用肉。換句話說，食品回收也有助於解決世界糧食不足的現狀。

而日本食品生態中心為「剩餘食物」創造新價值的方法，也為他們拿到由日本政府主辦的「第二屆日本SDGs大獎」的SDGs推進本部長（內閣總理大臣）賞。

● 日本食品生態中心對SDGs的貢獻和獲得的商業好處

《日本食品生態中心可貢獻的目標》

政策概要

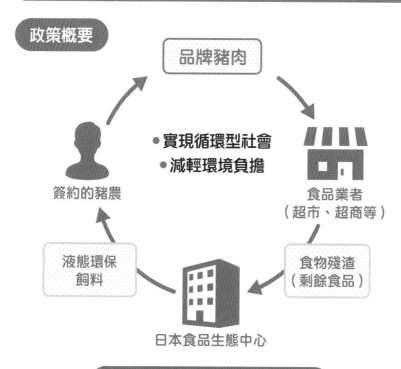

品牌豬肉

- 實現循環型社會
- 減輕環境負擔

簽約的豬農

食品業者
（超市、超商等）

液態環保
飼料

食物殘渣
（剩餘食品）

日本食品生態中心

投入SDGs帶來的商業面好處

☑ 建立可同時從食品業者和豬農獲得利益的嶄新營利模式。

☑ 讓員工覺得自己對社會有貢獻，提高工作意願。

☑ 與眾多企業合作，創造新商業模式，產生良性循環。

總結	□ 中小企業也能落實社會貢獻高的方法。 □ 將SDGs融入事業可以創造新價值。

案例② UCC上島珈琲 × JICA
兼顧森林保護和增加當地居民的收入

● 與ODA橋接，提高社會貢獻度

在盛產小果咖啡豆的衣索比亞，農夫為了賺錢而開闢農地、採伐木材，大肆砍伐森林，令佔國土35％的森林面積減少了約3分之2。JICA（國際協力機構）為了減少衣索比亞西南部Belete-Gera森林的砍伐，實施了提升當地居民經濟能力的ODA（政府開發援助）計畫。該計畫的核心措施之一，就是給予森林自生的咖啡附加價值，以提升當地區民的經濟能力。

儘管該地居民原本就會採收咖啡豆來賣，但在中間商的剝削下只能獲得很少的收入。而此計畫在保護森林的同時，還提高了咖啡豆的販賣價格，防止森林內的農地進一步擴大，也幫助農民改良農業技術和耕種多樣化的作物，提升既有農地的生產力。

UCC上島珈琲（以下簡稱UCC）自2014年起便投入此計畫，除了參與教育當地居民耕種技術，提供生產管理和物流相關的建議外，還引進國際環保NGO認證計畫「雨林聯盟認證」，提高無農藥、無化肥天然咖啡豆的附加價值。然後UCC再向農民購買這些咖啡豆，提高當地居民的收入。要讓森林自生的咖啡豆賣出好價格，必須令當地居民認識永續森林保護的重要性，並自發地去保護森林。而UCC也在日本國內的直營咖啡廳，把Belete-Gera產的認證咖啡包裝成安全和限量的極品咖啡來銷售。

● UCC × JICA對SDGs的貢獻與商業好處

《UCC × JICA可貢獻的目標》

政策概要

指導農業技術
以生產
好喝的咖啡

提高
生產管理方法
和物流體制

取得雨林
聯盟認證
以提高
附加價值

以公平貿易
的原則
購買咖啡豆

提高當地居民的
森林保護意識
和收入

投入SDGs帶來的商業面好處

☑ 可保護安心、安全的咖啡豆品種。

☑ 將數量稀少的天然咖啡豆包裝成極品咖啡。

☑ 透過貢獻社會和保護環境建立正面形象。

☑ 藉由與JICA合作,創造比單打獨鬥更好的成效。

總結	☐ 與其他組織合作,可實現單一企業無法做到的政策。 ☐ 除了善意和使命感外,與事業產生連結更重要。

案例③ 會寶產業
提高知名度對人事雇用的好處

> **將重要性與日俱增的「靜脈產業」輸出海外**

如果把一個國家的各種產業比喻為人的血管，那麼製造業就相當於「動脈」，而回收垃圾和產業廢棄物並重新利用的產業就相當於「靜脈」。

位於石川縣金澤市的會寶產業，除了在日本國內，更在全球約90個國家都有經營網路，是一間從事報廢汽車解體和中古車、中古零件販售的中小企業，也是靜脈產業中不為人知的全球公司。

這家公司原本是汽車解體業者，後來跟一間位於科威特的中古零件收購業者結識後，很快便發現將中古零件賣到海外的商機，開始將觸角伸到未來可望成長的開發中國家，當作公司差異化戰略的一環。然後在2015年SDGs通過後，該公司迅速將自家事業與SDGs連結，吸引了更多的注目。

現在，該公司回收汽車零件的業務已推展到世界各國，為全球的環境保護和創造當地就業貢獻力量。不僅如此，會寶產業還與日本經濟產業省、環境省、國際協力機構（JICA）、日本貿易振興機構（JETRO）、外國當地政府和大學機構等合作，將日本的環保型汽車回收事業拓展到靜脈產業仍未成熟的國家，一邊為SDGs做出貢獻，一邊擴大業務內容。

該公司對SDGs的投入引來了許多關注，連帶提升了企業知名度和形象，引起環保和人權意識較高的年輕世代共鳴，對人才招募也有正面影響。

● 會寶產業對SDGs的貢獻和獲得的商業好處

《會寶產業可貢獻的目標》

政策案例

● 透過汽車回收促進「具永續性的消費和生產行為」、「為所有人提供有價值且符合人權的工作機會」，且與各國政府和當地企業家建立夥伴關係，致力於建構資源循環型的社會。

● 在巴西、印度、馬來西亞、肯亞協助當地建立汽車回收政策並建造回收廠，建構環境友善的汽車回收價值鏈，為當地創造工作機會。

● 防止報廢後的汽車因未經適當處理而造成土壤汙染，且避免燃燒與丟棄廢塑膠、廢輪胎而產生環境汙染。

投入SDGs帶來的商業面好處

☑ 大幅提企業形象和知名度。

☑ 知名度提高後更容易吸引優秀人才。

☑ 在開發中國家推展環保的汽車回收事業，擴大業務規模。

總結	□ 在外國有很多對社會有益的商業機會。 □ 投入SDGs有利於人才招募。

案例④ 大川印刷
用SDGs提高員工士氣

● 推動SDGs，員工和公司將更有活力

位於神奈川縣橫濱市的大川印刷公司，以「環保印刷」作為其宗旨，標榜自己是一間「Social Printing Company（社會性印刷公司）」，為一家以積極投入SDGs而聞名的中小型企業。

該公司對所有員工都實施SDGs教育，並建立以員工為主體來解決問題的專案小組，以此推動SDGs。該公司的特色是不採用由上而下（top-down），而採用從員工開始由下而上（bottom-up）的方式來制定SDGs經營戰略。其經營理念為「以用本業解決社會問題為使命」。

大川印刷是日本國內唯一一間推動「零碳印刷（計算印刷事業排放的二氧化碳等溫室氣體總量，再藉由培植森林等方式抵銷之，達成零碳排的目的）」的印刷公司，除積極使用有FSC認證的紙張來防止違法砍伐外，在2017年時還開始推動將工廠使用的全部電力轉換成清潔能源的「可再生能源100%印刷計畫」。

另外，大川印刷還加入身心障礙者支援活動和RE100（要求參加企業承諾在一定期限內達成100%使用綠電的國際倡議），更透過社群網路和官方網站積極公開自己對SDGs的政策，致力於SDGs的普及。

該公司曾表示，自己投入SDGs後最大的好處是「員工變得更有活力」。藉由建立使員工都把本業和SDGs當成自己的一部分來思考的企業文化，真正具永續性而非三分鐘熱度的永續行動已完全融入這家公司。

● 大川印刷對SDGs的貢獻和獲得的商業好處

《大川印刷可貢獻的目標》

政策案例

環境	人權	勞動慣例
● 零二氧化碳印刷 ● 採用不使用石油的無VOC墨水 ● 使用有FSC森林認證的印刷紙等等	● 社外通報制度 ● 媒體通用設計教育 ● 與身心障礙者的協作體驗	● 雇用高齡者 ● 定期舉辦公司內講座等等

公正的工作環境	消費者課題	參與並發展社群
● 橫濱型地區貢獻企業認證 ● 全印工連CSR認證	● 設置公司內外通報窗口 ● 清楚標示環保標章等等	● 接受實習生 ● 橫濱市全球暖化對策推進協會 ● WE21 Japan等等

出處：根據日本環境省「使所有企業實現永續發展——永續發展目標（SDGs）應用指引——」製作

投入SDGs帶來的商業面好處

☑ 培養可產生主體性價值的企業文化。提高員工的工作動機。

☑ 透過接納實習生來吸引關注，有利於招募應屆畢業生。

☑ 社會對符合SDGs之印刷物的關注提高，可增加訂單&營收。

☑ 與其他同業做出差異化，不容易遇到被壓縮交貨期和低價競爭的風險。

總結	☐ 投入SDGs可以是差異化競爭的戰略。 ☐ 讓員工把工作當成自己一部分，多方面帶來正向循環。

案例⑤ 滋賀銀行
藉融資幫助地方創生和環境保護

▶ 貸款給投入SDGs的企業，以創造未來

日本滋賀銀行在2017年11月發表了「滋賀銀SDGs宣言」。這是日本第一間為對SDGs有貢獻的新興事業提供優惠利率貸款的地方銀行，用實際行動支持這種以解決社會問題為利基點的商業模式。

該銀行不僅為利用水質淨化技術來養殖紅鰭東方魨和扁口魚的新興養殖漁業公司AQUA-STAGE提供貸款，還會評估一間公司的未來性和對活化地方的效果，透過與其他地方金融機構一同設立的6次產業化基金提供資助，藉此同時實現地方創生和環境保護。

除此之外，滋賀銀行也透過共同出資的方式，資助滋賀縣湖南市與地方企業官民合作設立的地方新電力公司「這麼強電力（こんなウルトラパワー）」等，積極參與有助於活化地方的專案。

另外，2019年7月，滋賀銀行將原本便定期舉辦的「環保商業媒合博覽會」改名為「滋賀銀SDGs商業媒合博覽會」，從側面支援致力於解決社會問題的企業。

隨著鄉村地區逐漸衰退，地方銀行愈來愈難找到融資對象，但在投資和融資SDGs貢獻度高的新事業後，只要這些事業順利成長，未來的融資額也預期會上升。滋賀銀行的策略不僅顯示了地方金融機構所扮演角色的重要性，也為其他地方銀行展示了如何生存下去的方向。

● 滋賀銀行對SDGs的貢獻和獲得的商業好處

《滋賀銀行可貢獻的目標》

1 消除貧窮	2 終止飢餓	3 良好健康與社會福利	4 優質教育	5 性別平等	6 潔淨水與衛生設施	7 可負擔的乾淨能源	8 優質工作與經濟成長	9 工業、創新與基礎建設
10 減少不平等	11 永續城鄉	12 負責任的生產與消費	13 氣候行動	14 海洋生態	15 陸域生態	16 和平、正義與健全制度	17 永續發展夥伴關係	

政策概要

AQUA-STAGE公司

□ 靠運用水質淨化技術的陸上養殖來營利。
□ 減少用水量,將成本削減至3分之1。
□ 預期可擴大陸上養殖的需求,使營收成長。

地方活化效果

對經濟、社會的貢獻

□ 運用琵琶湖的水資源創造新產業和地方特產品(淡水紅鰭東方魨)。

環保效果

對環保的貢獻

□ 水質淨化技術可減少廢水排放,降低周邊環境的負擔。
□ 用陸上養殖提供穩定的糧食供給,改善糧食危機。
□ 降低用水量,減少旱季時的缺水風險。

貸款

滋 賀 銀 行

有助於
SDGs的達成

有助於
SDGs的達成

出處:根據日本環境省「從實際案例學習ESG地方金融的應有形態」製作

投入SDGs帶來的商業面好處

☑ 降低客戶因排放廢水造成環境汙染而被迫停業的風險。

☑ 降低用水量可減少水費並提升對缺水問題的抗性,提高客戶價值。

☑ 若陸上養殖的需求因糧食危機和海洋汙染問題而增加,客戶的營收也會增加。

總結	□ 投資對SDGs有貢獻的企業來支援新產業成長。 □ 培育新產業可增加融資額。

案例⑥ IKEUCHI ORGANIC
用SDGs提高商品的附加價值

◉ 堅持「耐用性」，讓自家公司也成為「耐用」的公司

　　IKEUCHI ORGANIC（池內有機公司）是一間總部位於愛媛縣今治市，以今治毛巾聞名的30人小毛巾生產商。該公司的理念是「最大的安全與最小的環境負擔」。從生產、銷售、經營乃至組織本身，這家公司在所有層面都追求永續性，生產毛巾所用的棉料是100%有機，染色工廠引進世界最高水準的排水淨化設施，工廠和直營店的電力100%使用風力發電等等，因其極端的環境友善政策而受到關注。不僅如此，他們的有機棉也堅持用公平貿易的方式，向印度和坦尚尼亞長期簽約的農家採購。

　　然而，該公司並沒有強力宣傳自己對有機和環保的堅持。因為他們認為，不管產品再怎麼符合倫理，假如品質不佳，就不會有人購買。

　　儘管如此，他們還是致力於確保自家產品對環境友善。這項堅持起因於2003年時，該公司原本合作的大型供應商倒閉，並申請了民事再生法[※]。為了活下來，他們決定開始以「環境友善」的產品吸引顧客。

　　這家公司希望毛巾愈「耐用」愈好。因為這項堅持，他們向顧客提供回收用舊的毛巾，將質地和功能修復到原本的狀態後再還給顧客的保養服務。而這份精神也引起消費者的共鳴，使營收不斷攀升。在日本愈來愈盛行ESG投資的風潮下，這家公司的SDGs政策吸引了法人投資者的投資，為經營帶來了正向循環。

※ 類似台灣的破產法。

● IKEUCHI ORGANIC對SDGs的貢獻和獲得的商業好處

《IKEUCHI ORGANIC可貢獻的目標》

政策概要

有機棉

產品只使用通過GOTS認證的有機棉。此政策是為幫助貧窮農村的人們實現經濟自立的計畫一環,使用的是印度和坦尚尼亞栽植的棉花。

用風力製造的毛巾

為幫助解決氣候變遷問題,工廠和辦公室的電力全部使用風力發電。利用「綠色電力證書系統」,該公司在2002年建立了日本首間100%風力發電的工廠。

低衝擊染料

使用對人體無害、不含重金屬的染料來染色。清洗則用地下水,廢水都經過淨化設施處理,且遵守排放基準等,致力於降低環境負擔。

投入SDGs帶來的商業面好處

☑ 對企業理念產生共鳴的消費者增加。

☑ 吸引ESG投資者投資。

☑ 營收增加,實現企業重生。

總結	☐「環境友善」是使公司重生的原動力。 ☐ 一以貫之的堅持,讓消費者和投資人成為粉絲。

案例⑦ 虎屋本舖×地方 同時實現盈利和地方活化

● 貢獻地方最終也會為自家公司帶來正面影響

　　虎屋本舖在廣島縣和岡山縣合計擁有12間直營店面，銅鑼燒人氣居高不下，是一家約400年歷史的老牌日式和西式點心店。該公司會贊助地方上的活動、接受實習生、參與社區環境清潔等等，對各種社會服務活動十分積極。其中，最受注目的是派遣年輕和資深的點心師傅到瀨戶內的離島學校、山區的身心障礙者支援學校，以及老人福祉設施等地，替地方上的小孩和年長者開設「和菓子教室」，以及為公司內的高齡技術人員、當地生產者和地方上的兒童，提供工作坊和開發商品等創造價值的場地「瀨戶內和菓子Caravan」。

　　透過點心教室向孩子們傳授鄉土文化和傳統技能的「瀨戶內和菓子Caravan」，會到各地方的高中進行以「地方活化與地方貢獻」為主題的課程，並使用當地的名產開發新的商品、努力使其上市。

　　透過諸如此類的企劃與SDGs連接和發聲，虎屋本舖成功引起地方的共鳴，並吸引大眾關注。使用地方特產研發的商品，有助於創造與地方的共享價值（CSV）並宣傳當地的魅力，最終為虎屋本舖帶來提升企業品牌知名度、活化新商品開發等好處。

　　這個案例顯示，即便是中小企業也有能力因應時代變化的挑戰，為地方帶來巨大的改變，幫助實現地方的永續性。透過這樣貢獻，使企業成為對社會而言不可或缺的存在，也能提升企業自身的價值和永續性。

● 虎屋本舖 × 地方的SDGs貢獻和獲得的商業好處

《虎屋本舖可貢獻的目標》

3 負好健康與福祉　4 優質教育　5 性別平等　7 可負擔的乾淨能源　8 優質工作與經濟成長　9 工業、創新與基礎建設

10 減少不平等　11 永續城鄉　12 負責的生產與消費　15 陸域生態　16 和平、正義與健全制度　17 永續發展夥伴關係

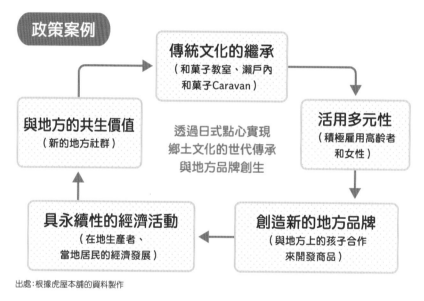

政策案例

傳統文化的繼承
（和菓子教室、瀨戶內
和菓子Caravan）

與地方的共生價值
（新的地方社群）

透過日式點心實現
鄉土文化的世代傳承
與地方品牌創生

活用多元性
（積極雇用高齡者
和女性）

具永續性的經濟活動
（在地生產者、
當地居民的經濟發展）

創造新的地方品牌
（與地方上的孩子合作
來開發商品）

出處：根據虎屋本舖的資料製作

投入SDGs帶來的商業面好處

☑ 高齡者、當地的孩子與生產者共同合作，創造新產品。

☑ 政策被大幅報導，具有極好的宣傳效果。

☑ 成為當地不可或缺的存在，提升企業價值。

總結	☐ 讓高齡者、女性、孩童參與，使多元性成為「力量」。 ☐ 即使是中小企業，也能運用好的政策改變一個地區。

案例⑧ 永旺集團
用採購行動規範強化供應鏈

◉ 運用大企業的影響力，推廣SDGs行動

　　日本最大型的零售商永旺集團，本著生產過程也要實踐社會責任的理念，對供應商公布了「永旺集團供應商採購行動規範（以下簡稱行動規範）」。2019年3月，永旺修改了行動規範的內容，強調供應鏈上的各企業和組織，也必須要求各自的相關企業和組織遵循這份行動規範。因為這麼做可以確保自家商品更加安全、令人安心，並使權益人對企業更信任和放心。永旺集團的業務遍布全球，這份行動規範也被翻譯成日文、英文、中文等14種語言，發送給全世界的供應商。

　　當大企業對供應商發布行動規範後，假如供應商在外部審查時被認定沒有達到標準，通常會被中止採購合約。然而，永旺集團在供應商的工廠發現問題後，並沒有立即中止採購關係，而是去幫助供應商一起努力改善、解決問題。因為他們並不把供應商視作外部的貿易業者，而是當成自家公司供應鏈的一環。

　　對永旺集團而言，原本單純是用來保護消費者安全和信賴的供應鏈政策，也是一種預防風險的策略，有助於提升公司各層面的永續性。大企業散布正面影響，供應鏈也會跟著變好，放大為SDGs貢獻的力量。而這樣的行動亦會受到投資人讚譽，吸引ESG投資。

● 永旺集團對SDGs的貢獻和獲得的商業好處

《永旺可貢獻的目標》

1 消除貧窮	3 良好健康與福祉	5 性別平等	6 潔淨飲水與衛生設施	7 可負擔的乾淨能源	8 優質工作與經濟成長	9 工業、創新與基礎建設
10 減少不平等	12 負責的生產與消費	13 氣候行動	14 海洋生態	15 陸域生態	16 和平、正義與健全制度	17 永續發展夥伴關係

政策概要

《永旺集團供應商行動規範13項目》

① 法律和規則	⑧ 結社自由與團體交涉的權利
② 童工	⑨ 安全衛生
③ 強迫勞動	⑩ 環保
④ 勞動時間	⑪ 商業交易
⑤ 薪資和福利保障	⑫ 誠實性與透明性
⑥ 虐待與騷擾	⑬ 敬業
⑦ 歧視	

投入SDGs帶來的商業面好處

☑ 增強與供應商之間的信賴關係，可強化供應鏈。

☑ 守護消費者安全與信任的行動將獲得消費者支持，提升企業形象。

☑ 政策受到法人投資者讚賞，可吸引ESG投資。

總結	□ 與供應鏈合作的重要性與日俱增。 □ 未來愈來愈需要影響力巨大的大企業的力量。

前泰國國王提倡的「知足經濟」

已故的泰王蒲美蓬・阿杜德（以下簡稱蒲美蓬大帝）在位時，深受泰國人民愛戴，是一位德高望重的君主。

1997年，泰國因泰銖暴跌而引發亞洲貨幣危機，原本快速成長的經濟急速降溫，使泰國經濟陷入泥沼。該年泰王生日那天，蒲美蓬大帝在對國民的演講中提出了「知足經濟」的概念，希望讓所有泰國國民都過上與自身收入相稱、不需要為了三餐溫飽煩惱的生活。簡而言之，這個概念告訴人們，要因應接踵而來的經濟、環境、社會挑戰，人們必須懂得「節制」。這個遵循佛教教義的觀念，是泰王有感於過去幾年泰國人民在快速成長的經濟環境下「太具野心和貪婪」，勸諫人們不要過度追求財富的話語。

蒲美蓬大帝在位期間，一直長期致力於幫助農民。1998年，蒲美蓬大帝推動了超過2000個開發案，有時甚至自掏腰包拿錢投資。而這些開發的目的，幾乎都是為了提升泰國貧困農民的生活水準，比起物質性的滿足，最終目標更多是為了建構環境友善、具永續性的社會。

然而諷刺的是，在2016年蒲美蓬大帝過世後，泰國的貧富差距逐漸變大，根據瑞士信貸集團的估計，泰國前1%的資產家掌握了整個國家67%的總資產，使泰國成為全球貧富差距最嚴重的國家之一。不只對泰國人，蒲美蓬大帝留下的「知足經濟」理論，或許也是全人類要實現SDGs必須謹記在心的觀念。

SDGs的17個目標

細項目標與課題、目標
必須達成的原因

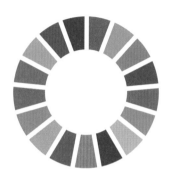

※細項目標之內容取自AIT
「聯合國永續發展目標（SDGs）說明」。

目標1
消除各地
一切形式的貧窮

主要的細項目標

1.1　在西元2030年之前，消除所有地方的極端貧窮，目前的定義為每日生活費不到1.25美元。

1.2　在西元2030年之前，依據國家的人口統計數字，將各個年齡層的貧窮男女與兒童人數減少一半。

1.3　在西元2030年之前，對所有的人，包括底層的人，實施適合國家的社會保護制度及措施，範圍涵蓋貧窮與弱勢族群。

1.4　在西元2030年之前，確保所有男男女女，尤其是貧窮與弱勢族群，在經濟資源、基本服務，以及土地與其他形式的財產、繼承、天然資源、新科技與財務服務（包括微型貸款）都有公平的權利與取得權。

現實的課題

● 全球收入在1天1美元90分的國際貧窮線下的人，超過7億8300萬人。

● 全球25～34歲處於極端貧窮狀態的人，男女比例約為100比122。

● 在2016年，全球約10%的勞動者只能靠每人每日不到1美元90分錢的收入養家活口。

● 全球未滿5歲的小孩子中，每4人就有1人未達其年齡應有之身高。

● 處於極度貧困狀態的人，絕大多數集中在南亞和撒哈拉以南非洲。

《為什麼要達成此目標？》
地球上約有7億人，生活在每人每日收入不到1美元90分錢的極度貧窮中。若不平等的現象擴散，除了會對經濟造成負面影響，也會傷害社會團結、提高政治和社會的對立，導致國際情勢動盪和戰爭。

目標2
終止飢餓，確保糧食安全，改善營養及促進永續農業

主要的細項目標

2.1 在西元2030年之前終止飢餓，確保所有的人，尤其是貧窮與弱勢族群（包括嬰兒），都能夠終年取得安全、營養且足夠的糧食。

2.2 在西元2030年之前，消除所有形式的營養不良，包括於西元2025年之前，達成國際合意的5歲以下兒童發育不良與消耗性疾病的改善，並且解決青少女、孕婦、哺乳婦女及老年人的營養需求。

2.3 在西元2030年之前，使農村的生產力與小規模糧食生產者的收入增加一倍，尤其是婦女、原住民、家族式農夫、牧民與漁夫，包括讓他們有安全及公平的土地、生產資源、知識、財務服務、市場、增值機會，以及非農業就業機會的管道。

現實的課題

● 全球每有9人就有1人（8億1500萬人）處於營養不良的狀態，在開發中國家，營養不良的人口佔比達到12.9%。

● 在飢餓問題最嚴重的南亞，約有2億8100萬人處於營養不良狀態。而在撒哈拉以南非洲地區，根據2014到2016年的估計值，營養不良人口比率高達23%左右。

● 在開發中國家，約有6600萬學齡兒童餓肚子上學。光是在非洲，人數就超過2300萬人。

《為什麼要達成此目標？》
所有人都希望給予家人充足的食物。飢餓會阻礙人類社會的發展，使SDGs變得難以達成；若消除饑餓，就能對經濟、健康、教育、平等，以及社會發展帶來正面影響。

目標3
確保健康及促進各年齡層的福祉

主要的細項目標

3.1 在西元2030年之前，減少全球的產婦死亡率，至每100,000個活產中少於70人。

3.2 將各國的新生兒死亡率至少降低至千分之12以下，5歲以下兒童死亡率至少降低至千分之25以下。在西元2030年之前，將可預防的新生兒及5歲以下兒童的死亡率清零。

3.3 在西元2030年之前，根絕愛滋病、肺結核、瘧疾及受到忽略的熱帶性疾病，並對抗肝炎，水傳染性疾病及其他傳染疾病。

3.5 強化物質濫用的預防與治療，包括麻醉藥品濫用及酗酒。

3.7 在西元2030年之前，確保全球都有管道可取得性與生殖醫療保健服務，包括家庭規劃、資訊與教育，並將生殖醫療保健納入國家策略與計畫之中。

現實的課題

● 儘管自1990年以來，全球每日兒童死亡人數已減少1萬7000人，但每年仍有超過500萬名兒童在5歲以前死亡。

● 在開發中地區，可接受建議之醫療服務的女性不到全體的一半。

● 在2017年時，全球HIV感染者仍超過3690萬人，且2017年又新增了180萬名新感染者。

● 自愛滋病開始蔓延以來，已有3540萬人因愛滋病相關疾病而死亡。

《為什麼要達成此目標？》
獲得健康和福祉是一種人權，而人類的健康是健全經濟的基礎。為了確保所有人都過上健康的生活，需要花費巨額的成本，但能獲得的回報遠勝於支出。

目標4

確保有教無類、公平及高品質的教育，並提倡終身學習

主要的細項目標

4.1　在西元2030年以前，確保所有的男女學齡兒童都完成免費的、公平的及高品質的小學與中學教育，得到適當且有效的學習成果。

4.2　在西元2030年以前，確保所有的孩童都能接受高品質的早期幼兒教育、照護及學齡前教育，為小學入學做好準備。

4.3　在西元2030年以前，確保所有男女都有公平、負擔得起、高品質的技職、職業或大學等高等教育的受教機會。

4.5　在西元2030年以前，消除教育上的兩性不平等，確保弱勢族群有接受各階級教育的管道與職業訓練，包括身心障礙者、原住民及弱勢孩童。

現實的課題

● 儘管開發中國家的初等教育就學率已達91%，但仍有5700萬名兒童沒有接受教育。

● 全球無法上學的兒童，有半數以上住在撒哈拉以南非洲。

● 已達小學學齡但無法上學的兒童中，約有50%住在戰爭地區。

● 全球有6億1700萬名年輕人不具備基本的算數和閱讀能力。

《為什麼要達成此目標？》

高品質的教育可賦予人健康地維持生活的能力，不只能帶給人們斬斷貧窮連鎖的力量，還有助於縮小不平等、實現性別平等。可以說，教育是實現SDGs的重要關鍵。

目標5

實現兩性平等，並賦予所有婦女權力

主要的細項目標

5.1　消除所有地方對婦女的各種形式的歧視。

5.2　消除公開及私人場合中對婦女的各種形式的暴力，包括人口走私、性侵，及其他各種形式的剝削。

5.3　消除各種有害的做法，例如童婚、未成年結婚、強迫結婚，以及女性生殖器切割。

5.4　透過提供公共服務、基礎建設與社會保護政策，承認及重視婦女無給職的家庭照護與家事操勞，依據國情，提倡家事由家人共同分擔。

5.5　確保婦女全面參與政經與公共決策，且有公平的機會參與各個階層的決策領導。

現實的課題

● 全球有7億5000萬名女性和女孩未滿18歲便結婚，且在30個國家中，至少有2億名女性被迫接受FGM（女性性器切除手術）。

● 在18個國家中，丈夫可以合法禁止妻子外出工作。在39個國家中，女兒和兒子沒有平等的遺產繼承權。且有49個國家沒有保護女性不受家庭暴力的法律。

● 儘管女性已開始進出政治圈，但女性國會議員的比例仍只有23.7%，男女比例相當懸殊。

《為什麼要達成此目標？》

投資女性教育、提高婚姻年齡，每1美元的投資可獲得5美元的回報；投資女性的所得提升活動，每1美元可獲得7美元的回報。推動性別平等對減少貧窮、改善兒童健康福祉等，打造健康社會的所有面向都不可或缺。

目標6

確保所有人都能享有水和衛生，以及其永續管理

主要的細項目標

6.1 在西元 2030 年以前，讓全球的每一個人都有公平的管道，可以取得安全且負擔得起的飲用水。

6.2 在西元 2030 年以前，讓每一個人都享有公平及妥善的衛生，終結露天大小便，特別注意弱勢族群中婦女的需求。

6.3 在西元 2030 年以前，減少污染、消除垃圾傾倒，減少有毒化學物質與危險材料的釋出，將未經處理的廢水比例減少一半，將全球的回收與安全再使用率大幅提高，藉此改善水質。

6.5 在西元 2030 年以前，全面實施一體化的水資源管理，包括跨界合作。

6.6 在西元 2020 年以前，保護及恢復跟水有關的生態系統，包括山脈、森林、沼澤、河流、含水層，以及湖泊。

現實的課題

● 全球每10人就有3人沒有安全受管理的飲用水可用；且每10人就有6人缺少安全可管理的衛生設施。

● 全球有超過8億9200萬人至今仍在戶外排泄。

● 全球有40億人沒有廁所和公廁等基本的衛生設施可用。

● 每天有近1000名兒童因可預防的水質和衛生相關之下痢症狀而死亡。

《為什麼要達成此目標？》

以永續方式管理水資源，不僅可以改善食物和能源的生產管理，還有助於提供人們有價值的工作、促進經濟成長。不僅如此，確保水的生態系及其多樣性也能減緩氣候變遷。

目標7

確保所有人都可取得負擔得起、可靠的、永續的，以及現代的能源

主要的細項目標

7.1 在西元 2030 年以前，確保所有人都可取得負擔得起、可靠的，以及現代的能源服務。

7.2 在西元 2030 年以前，大幅提高全球再生能源的共享。

7.3 在西元 2030 年以前，將全球能源效率的改善程度提高一倍。

7.a 在西元 2030 年以前，改善國際合作，以增加乾淨能源與科技的取得管道，包括再生能源、能源效率、更先進及更乾淨的石化燃料科技，並促進能源基礎建設與乾淨能源科技的投資。

現實的課題

● 全球有13%的人口依然沒有現代電力可用。

● 全球有30億人仍用木柴、石炭、木炭，或是動物糞便來烹煮食物或取暖。

● 能源是助長氣候變遷的最大要因，佔全球溫室氣體排放量約60%。

● 家戶燃燒化石燃料造成的室內空氣污染，在2012年時殺死了430萬人。其中每10人就有6人是女性。

《為什麼要達成此目標？》

建立能源系統，即可發展商業、醫療、教育、農業、基礎建設、通訊、尖端技術等各個領域。相反地，若缺少能源系統，人類社會和經濟發展都會受阻。

8 優質工作與經濟成長

目標8 促進包容且永續的經濟成長，達到全面且具生產力的就業，讓每一個人都有一份好工作

［主要的細項目標］

8.1　依據國情維持經濟成長，尤其是開發度最低的國家，每年的國內生產毛額（以下簡稱GDP）成長率至少7%。

8.4　在西元2030年以前，漸進地改善全球的能源使用與生產效率，在已開發國家的帶領下，依據10年的永續使用與生產計畫架構，努力減少經濟成長與環境惡化之間的關聯。

8.5　在西元2030年以前，全面實現具生產力的就業，讓所有的男女都有一份好工作，包括年輕人與身心障礙者，並實現同工同酬的待遇。

8.8　保護勞工的權益，促進工作環境的安全，包括遷徙性勞工，尤其是婦女及從事危險工作的勞工。

8.9　在西元2030年以前，制定及實施政策，以促進永續發展的觀光業創造就業，促進地方文化與產品發展。

［現實的課題］

● 全球男女薪資差距達23%，相對於男性94%的就業率，女性就業率只有63%。

● 在2016年時，全球勞動者有61%靠灰色經濟生活（擦鞋或行商等沒有正式登記和納稅的工作）。

● 全球約有7億8300萬人雖有工作，但收入仍不足以脫離貧窮，且他們的勞動條件必須改善。

《為什麼要達成此目標？》

提升人們的生產力，使各國的經濟成長能讓整體人類社會都受益。具生產性的工作和「有價值的工作（decent work）」乃是實現公平的全球化和減少貧窮的關鍵要素。若放任失業的狀況不管，將導致社會動盪、破壞和平。

9 工業、創新與基礎建設

目標9

建立具韌性的基礎建設，促進包容且永續的工業，並加速創新

［主要的細項目標］

9.1　發展高品質的、可靠的、永續的，以及具有災後復原能力的基礎設施，包括區域及跨界基礎設施，以支援經濟發展和人類福祉，並將焦點放在為所有人提供負擔得起又公平的管道。

9.2　促進包容及永續的工業化，在西元2030年以前，依照各國的情況大幅提高工業的就業率與GDP，尤其是最低度開發國家（以下簡稱LDCs），比率應增加一倍。

9.4　在西元2030年以前，升級基礎設施、改造工商業，使它們可永續發展。提高能源使用效率，大幅採用乾淨又環保的科技與工業製程，所有的國家都應依據他們各自的能力行動。

［現實的課題］

● 很多開發中國家依然沒有充足的道路、資訊技術、衛生設備、電力及自來水等基礎建設。

● 全球有16%人口依然無法使用行動寬頻網路。

● 在很多非洲國家由於基礎建設不全，企業的生產力降低了約40%。

● 每增加1個製造業工作，就能為其他行業增加2.2個工作機會。

《為什麼要達成此目標？》

若民間產業不採取任何行動來消除貧困、促進永續發展，推動全球性發展議程，那麼貧窮將很難從地球上消失。同時，若缺少健全的基礎建設與技術革新推動，將導致醫療惡化、衛生設施不足、人們無法接受教育等結果。

10 減少不平等

目標10

減少國內及國家之間的不平等

主要的細項目標

10.1　在西元 2030 年以前,以高於國家平均值的速率,漸進地致使底層百分之 40 的人口實現所得成長。

10.2　在西元 2030 年以前,促進社經政治的融合,無論年齡、性別、身心障礙、種族、人種、祖國、宗教、經濟或其他身分地位。

10.3　確保機會平等,減少不平等,作法包括消除歧視的法律、政策及實務作法,並促進適當的立法、政策與行動。

10.4　採用適當的政策,尤其是財政、薪資與社會保護政策,並漸進實現進一步的平等。

10.6　提高發展中國家在全球經濟與金融機構中的決策發言權,以實現更有效、更可靠、更負責,以及更正當的機構。

現實的課題

● 相較於全球前 20% 最富裕的兒童,後 20% 的貧窮兒童在 5 歲前死亡的機率依然高達 3 倍。

● 在開發中國家,相較於都市區的女性,農村地區的女性在生產時死亡的機率也多達 3 倍。

● 在所得不平等的情況中,有 30% 起因於家庭內的男女不平等。女性相較於男性,平均所得低於 50% 的可能性很高。

《為什麼要達成此目標?》
世界依然存在很多沒有道理的歧視。如果不提供機會或服務給社會中的弱勢和被社會排擠的群體,讓他們有機會提升生活品質,就無法讓地球成為適合所有人居住的地方。

11 永續鄉鎮

目標11

促使城市與人類居住具有包容性、安全性、韌性及永續性

主要的細項目標

11.1　在西元 2030 年以前,確保所有人都可取得適當的、安全的,以及負擔得起的住宅與基本服務,並改善貧民窟的狀況。

11.3　在西元 2030 年以前,促進融合的、包容的、可永續發展的都市化,讓所有的國家落實參與性、一體性及可永續發展的人類定居規劃與管理。

11.4　在全球的文化與自然遺產的保護上,進一步努力。

11.6　在西元 2030 年以前,減少都市對環境的有害影響,包括特別注意空氣品質、都市管理與廢棄物管理。

11.7　在西元 2030 年以前,為所有人提供安全的、包容的、可使用的綠色公共空間,尤其是婦女、孩童、老年人及身心障礙者。

現實的課題

● 全球住在貧民區的居民已超過 8 億 8300 萬人,其中,絕大多數住在東亞和東南亞。

● 全球 25 ～ 34 歲處於極端貧窮狀態的人,男女比例約為 100 比 122。

● 在 2016 年時,90% 的都市居民呼吸著不安全的空氣,因空氣汙染而死亡的人數攀升到 420 萬人。全世界過半都市人口,都生活在高於安全基準 2.5 倍以上的空氣汙染中。

《為什麼要達成此目標?》
目前住在貧民窟的人多達 8 億 8300 萬人之多,且還在持續增加。只佔地球陸地面積約 3% 的都市,卻佔全球總能源消耗的 60 ～ 80%,以及 75% 的碳排量。要避免社會性、經濟性的損失,就必須提高易受氣候變遷和天然災害影響的都市之韌性。

目標12

確保永續的消費與生產模式

主要的細項目標

12.1 由已開發國家擔任帶頭角色,考量開發中國家的發展與能力,實施永續消費與生產十年計畫架構(以下簡稱10YFP),使所有的國家動起來。

12.2 在西元2030年以前,實現自然資源的永續管理及有效率的使用。

12.3 在西元2030年以前,將零售與消費者層級上的全球糧食浪費減少一半,並減少生產與供應鏈上的糧食損失,包括採收後的損失。

12.5 在西元2030年以前,透過預防、減量、回收與再使用,大幅減少廢棄物的產生。

12.8 在西元2030年以前,確保每個地方的人都具備永續發展的相關資訊與意識,以及跟大自然和諧共處的生活方式。

現實的課題

● 世界人口預計將在2050年之前上升到96億,若要讓所有人維持現在的生活型態,將需要3個地球的資源。

● 全球依然有超過10億人沒有淡水可用。

● 每年有13億公噸、相當於全球產品3分之1,價值約1兆美元的糧食,在消費者和零售店的垃圾筒中腐爛,或是因惡劣的運輸環境和收穫過程而損傷。

《為什麼要達成此目標?》

未來20年,全球將有更多人加入中產階級,而人類對天然資源的需求也會跟著增加,若再不改變消費和生產的模式,將對地球環境造成無可挽回的傷害。

目標13

採取緊急措施以因應氣候變遷及其影響

主要的細項目標

13.1 強化所有國家對天災與氣候相關風險的災後復原能力,與調適適應能力。

13.2 將氣候變遷措施納入國家政策、策略與規劃之中。

13.3 在氣候變遷的緩和、適應、影響減輕與早期預警上,改善教育、提升意識,增進人與機構的能力。

13.b 提升開發度最低國家中的相關機制,以提高能力、進行有效的氣候變遷規劃與管理,包括將焦點放在婦女、年輕人、地方社區與邊緣化社區。

※聯合國氣候變遷綱要公約(UNFCCC)是國際間針對氣候變遷議題交涉時的基本跨國、跨政府溝通場域。

現實的課題

● 1880年到2012年間,地球的平均氣溫上升了0.85℃。

● 由於海水溫度上升、雪冰量減少,全球平均海平面高度在1901年至2010年間上升了19公分。

● 全球的二氧化碳(CO_2)排放量自1990年以來,增加了近50%。

● 根據計算,若全球繼續按照目前的速度排放溫室氣體,本世紀末,地球的平均氣溫升幅極可能超過1.5℃。

《為什麼要達成此目標?》

人類活動導致的氣候變遷,將使暴風雨和各種天然災害變得更嚴重,並使原本就因戰爭而短缺的糧食、水源等威脅更加惡化。如果不採取任何對策,地球的平均氣溫升幅將超過3℃,對所有生態系造成負面影響。

14 海洋生態

保育及永續利用海洋與海洋資源，以確保永續發展

主要的細項目標

14.1　在西元2025年以前，預防及大幅減少各式各樣的海洋污染，尤其是來自陸上活動的污染，包括海洋廢棄物及營養污染。

14.2　在西元2020年以前，以可永續的方式管理及保護海洋與海岸生態，避免重大的不利影響，作法包括強健它們的災後復原能力，並採取復原動作，以實現健康又具有生產力的海洋。

14.6　在西元2020年以前，禁止會造成過度漁撈的補助，消除會助長IUU漁撈的補助，禁止引入這類補助，承認對開發中國家與開發度最低國家採取適當且有效的特別與差別待遇，應是世界貿易組織漁撈補助協定的一部分。

現實的課題

● 全球依賴海洋和沿岸地區生物多樣性維生的人數，超過30億人。

● 全球海洋和沿岸資源與產業的市場，每年可創造3兆美元的價值，相當於全世界GDP的5%左右。

● 花錢補助漁業不僅會加速許多魚種的耗竭，還有礙於保護和恢復全球漁業工作崗位的努力，間接使淺海漁業的獲利每年降低500億美元。

《為什麼要達成此目標？》
流入全球海洋的垃圾量增加，正對環境和經濟造成巨大的負面影響。除了傷害生物多樣性，敷衍的海洋管理也會造成漁民濫捕，每年對整體漁業造成的經濟損失高達500億美元。

---

15 陸域生態

保護、維護及促進領地生態系統的永續使用，永續地管理森林、對抗沙漠化，終止及逆轉土地劣化，並遏止生物多樣性的喪失

主要的細項目標

15.1　在西元2020年以前，依照國際協定下的義務，保護、恢復及永續使用領地與內陸淡水生態系統與它們的服務，尤其是森林、沼澤、山脈與旱地。

15.2　在西元2020年以前，進一步落實各式森林的永續管理，終止毀林，恢復遭到破壞的森林，並讓全球的造林大幅增加。

15.3　在西元2030年以前，對抗沙漠化，恢復惡化的土地與土壤，包括受到沙漠化、乾旱及洪水影響的地區，致力於實現沒有土地破壞的世界。

15.8　在西元2020年以前，採取措施以避免侵入型外來物種入侵陸地與水生態系統，且應大幅減少牠們的影響，控管或消除強勢外來種。

現實的課題

● 2010年到2015年間，全球已失去了330萬公頃的森林。

● 每年地球皆因乾旱和沙漠化而損失1200萬公頃（相當於日本國土面積的3分之1）的可用土地。這個面積的土地每年約可種植2000萬公噸的穀物。

● 在已發現的8300種動物中，已有8%從地球上滅絕，22%瀕臨絕種。

《為什麼要達成此目標？》
人類活動和氣候變遷造成的生態系混亂引發了許多自然災害，這些災害每年在全世界帶來3000億美元以上的損失。若不以具永續性的方式管理森林，因應沙漠化現象、阻止土地劣化，最終將令所有的生物都喪失棲息地，使淡水水質惡化、大氣中的二氧化碳含量增加。

目標16 促進和平且包容的社會，以落實永續發展；
提供司法管道給所有人；
在所有的階層建立有效、負責且包容的制度

主要的細項目標

16.1　大幅減少各地各種形式的暴力，以及相關死亡率。

16.2　終結各種形式的兒童虐待、剝削、走私、暴力及施虐。

16.3　促進國家與國際的法則，確保每個人都有公平的司法管道。

16.5　大幅減少各種形式的貪污賄賂。

16.6　在所有的階層發展有效、負責且透明的制度。

16.7　確保各個階層的決策順應民意，是包容的、參與的且具有代表性。

16.9　在西元2030年以前，為所有的人提供合法的身分，包括出生登記。

16.10　依據國家立法與國際協定，確保民眾可取得資訊，並保護其基本自由。

現實的課題

● 在貪腐情況最嚴重的制度中，也包含司法和警察機關。

● 收賄、挪用公款、竊盜、逃稅等現象，每年都在開發中國家造成1兆2600億美元的損害。這個金額可讓全世界每日收入未滿1.25美元的人們，至少過上每日開銷1.25美元以上的生活整整6年。

● 在飽受戰爭所苦的地區，已達小學就學年齡卻無學可上的兒童約有2850萬人。

《為什麼要達成此目標？》

要實現SDGs，必須讓所有人都免於任何形式的暴力，不論種族、信仰、性傾向，大家都能安心地生活。各國政府、公民社會及地方社群必須團結起來，減少暴力、實踐正義、對抗貪腐，提高社會的包容性。

目標17
強化永續發展執行方法，
並活化全球夥伴關係

主要的細項目標

17.1　強化國內的資源動員，作法包括提供國際支援給開發中國家，以改善他們的稅收與其他收益取得的能力。

17.2　已開發國家全面落實他們的ODA承諾，包括在ODA中提供國民所得毛額（以下簡稱GNI）的0.7%給開發中國家，其中0.15～0.20%應提供給最低度開發國家。

17.4　透過協調政策，協助開發中國家取得長期負債清償能力，目標放在提高負債融資、負債的解除，以及負債的重整，並解決高負債貧窮國家（以下簡稱HIPC）的外部負債，以減少負債壓力。

現實的課題

● 2014年的政府開發援助（ODA）總額達到1352億美元，創下史上最高紀錄。

● 儘管全球仍有超過40億人沒有網路可用，而且其中90%住在開發中地區，但非洲的網路使用者已在過去4年間增加了2倍。

《為什麼要達成此目標？》

SDGs具有普遍性，不論是已開發國家還是開發中國家，所有國家都必須落實「不丟下任何一個人」的精神。而要達成SDGs，各國政府、公民社會、科學家、學術界、私營部門全都必須團結一致。尤其是開發中國家的永續能源、基礎建設、運輸、資訊通信技術（ICT），需要包含外國直接投資在內的長期投資，十分需要民間資金帶來的改革力量。

附錄

SDGs的17個目標

Index

英文・數字

4C ································· 126
5P ···························· 26
BSDC ·························· 44,46
CRM ···························· 68
CSR（企業社會責任）········ 40,42
CSV（創造共享價值）········ 42
ESG ···························· 90
ESG投資 ······················ 92
ESG指數 ······················ 98
FSC（森林）認證 ············68,138
GPIF ····················90,96,98
GVC ···························· 72
Hygge ························ 38
ISO20400 ···················· 78
ISO26000 ···················· 41,78
KPI ··························· 122
MDGs ························· 16,18
MSC認證 ······················ 68
Partnership（夥伴關係）········ 26
Peace（和平）················ 26
People（人）················ 26
Planet（地球）················ 26
PRI ··························· 90
Prosperity（繁榮）·············· 26
RE100 ························ 138
RSPO ························· 74
SDG Compass ··············· 114
SDGs ························· 10,18
SDGs婚禮蛋糕模型 ············ 28
SDG-Washing ················ 58
SLO ··························· 76
SRI ··························· 94
Sustainable Development Report

·································· 32
TFT ··························· 74
The Forest Trust森林協會 ····· 74
UN17 Village ················ 88

1 ～ 5 劃

千禧年發展目標 ················ 16
公平貿易 ···················· 68,70
反向預測 ····················· 110
世界經濟論壇 ················ 44
包容性 ······················ 15
正向預測 ····················· 110
正面篩選 ····················· 100
永續發展 ····················· 14
永續發展目標（SDGs）報告········ 30
永續發展目標 ················ 10
永續題材投資 ················· 100
由內而外 ····················· 112
由外而內 ··················112,122

6 ～ 10 劃

企業議合與股東行動 ················ 100
全球供應鏈 ···················· 72
地球限度 ····················· 20
多重效益 ····················· 24
年金積立金管理運用獨立行政法人
·······················90,96,98
供應鏈 ······················ 66,72
知足經濟 ····················· 148
社會包容 ····················· 14
社會許可 ····················· 76
社會責任投資 ················· 94
社群投資 ··················100,104

雨林聯盟認證 ·························· 134
非財務資訊 ····························· 92
相對貧窮 ····························· 12
負面篩選 ··························94,100
倫理消費 ····························· 68
倫理認證 ····························· 68

11 ～ 15 劃

動脈產業 ···························· 136
參與型 ····························· 15
商業與永續發展委員會 ········· 44,46
國際公平貿易認證標章 ·············· 57
國際連帶稅 ························ 108
國際標準化組織 ···················· 78
基於規範的篩選 ·················· 100
基準線 ···························· 122
採購行動規範 ······················ 146
細項目標 ··························· 12
蚯蚓堆肥桶 ························ 62
責任投資原則 ······················ 90
透明性與責任說明 ·················· 15
麥可・波特 ························ 72
善因行銷 ····························· 68
普遍性 ····························· 15
棕櫚油永續發展圓桌組織 ··········· 74
童工 ···························· 130
開放式創新 ························ 84
韌性 ····························· 52
經濟發展 ····························· 14
經營報告 ····························· 92
達沃斯會議 ························ 44
漂綠 ····························· 58
綜合報告 ····························· 92
價值流程圖 ·····················82,120

價值鏈 ····························· 72
衝擊投資 ······················100,104

16 ～ 20 劃

整合ESG因子 ······················ 100
整合性 ····························· 15
靜脈產業 ···························· 136
環保飼料 ···························· 132
環境法院 ····························· 62
環境保護 ····························· 14
關鍵績效指標 ······················ 122

21 ～ 25 劃

權益人 ··························· 30,40
邏輯模型 ···························· 120

【 監 修 】

功能 聰子（Kono Satoko）

ARUN代表

畢業於國際基督教大學、倫敦政治經濟研究所。曾在民間企業、亞洲學院任職，自1995年起在新加坡定居10年。透過NGO、國際協力機構（JICA）、世界銀行等機構，協助復興和建設。在邂逅一位柬埔寨創業家後，發現了公益金融的必要性和可能性，設立了ARUN公司，旨在建立日本的國際公益性投資平台。定期舉辦競賽活動和CSI challenge（Cloud Social Investment）活動，發掘、投資、援助以達成SDGs為目標的初創企業。曾榮獲第三屆日經公益提案大賞國際部門獎、DAY獎。

佐藤 寬（Sato Kan）

亞洲經濟研究所・上席主任調查研究員

發展社會學家。曾在中東的葉門駐點5年之久，對亞洲、非洲各地的眾多開發計畫做過田野調查。近年把重心放在公平交易、BOP商業（以發展中國家的金字塔底層為對象的永續性商務）、永續性供應鏈等，與「發展和商業」有關的研究上。「利他性／公共性」如何與經商活動的「利己性／利益至上」價值共存，此一主題與SDGs也存在共通點。認為SDGs可扮演連結發展與商業雙方的「橋樑」，故積極向日本各地的中小企業和地方上的NGO、NPO舉行「SDGs入門講座（與日本貿易振興機構和JICA合辦）」。

STAFF

編輯…………Bound股份有限公司
責任編輯……橘 浩之
內頁設計……山本真琴（design.m）

SDGs系列講堂 SDGs超入門
60分鐘讀懂聯合國永續發展目標帶來的新商機

2022年 4 月1日初版第一刷發行
2022年10月1日初版第三刷發行

作　　　者	Bound	
監 修 者	功能聰子（ARUN代表）、	
	佐藤寬（亞洲經濟研究所・上席主任調查研究員）	
譯　　　者	陳識中	
編　　　輯	陳映潔	
美術編輯	竇元玉	
發 行 人	南部裕	
發 行 所	台灣東販股份有限公司	

　　　　　　＜地址＞台北市南京東路4段130號2F-1
　　　　　　＜電話＞(02)2577-8878
　　　　　　＜傳真＞(02)2577-8896
　　　　　　＜網址＞www.tohan.com.tw
郵撥帳號　1405049-4
法律顧問　蕭雄淋律師
總 經 銷　聯合發行股份有限公司
　　　　　　＜電話＞(02)2917-8022

著作權所有，禁止翻印轉載。
購買本書者，如遇缺頁或裝訂錯誤，
請寄回更換（海外地區除外）。
Printed in Taiwan.

國家圖書館出版品預行編目資料

SDGs系列講堂 SDGs超入門：60分
鐘讀懂聯合國永續發展目標帶來的
新商機/ Bound著; 陳識中譯. -- 初
版. --臺北市: 臺灣東販,2022.04
160面； 14.3×21公分
ISBN 978-626-329-152-2（平裝）

1.CST: 聯合國 2.CST: 永續發展

578.14　　　　　　　　111002315

60PUN DE WAKARU! SDGs CHONYUMON
written by bound, supervised by Satoko Kono
and Kan Sato
Copyright © 2019 Gijutsu-Hyoron Co., Ltd.
All rights reserved.
Original Japanese edition published by Gijutsu-
Hyoron Co., Ltd., Tokyo

This Complex Chinese edition published
by arrangement with Gijutsu-Hyoron Co., Ltd.,
Tokyo in care of Tuttle-Mori Agency, Inc., Tokyo.

TOHAN